＼やせなくたって可愛くなれる！／

ぽっちゃり女子のオシャレ教科書

Koshihikari Mochida
餅田コシヒカリ

Introduction

この本を手に取ってくれた、今おしゃれを楽しんでるみなさんへ。私はお洋服が大好きです。クローゼットは毎シーズンたくさんのお洋服が詰まっていて、宝箱のようにわくわくが詰まっている場所です。今日は何着ようかな？　かっこいい系？　可愛い系？　と考えている時間がほんとに幸せです。

私は過去に「やせることが1番のオシャレなのに……」と言われたことがありました。もちろん健康的にやせることは大切です！　やせなくていいとは思いません！　でも、今のありのままの自分でも可愛くなりたい！　と思うことは自由だと思うんですよね。

90キロでも100キロでも、おしゃれを楽しんでいる人はたくさんいて、私もその1人です。

昔は可愛いと思える服がほんとに少なくて、履けるサイズ展開も少なければ、デザインもなんか古い。色も黒ばかり……選べる洋服が限られていたけど、今は違います。モノクロだけじゃない色鮮やかなデザインのワンピースだってあるし、モデルさんのウエストくらいある私の太ももが入る可愛いズボンやスカート、たくさん溢れています！　この本を手に取った方は、今オシャレを楽しんでる方もいるし、まだ楽しみを見つけられていない方もいると思います。私の本は、ハイブラは出てきません。トータルコーデ1万円で組めるアイテムが出てきます。自分で言うのもなんですが、お財布に優しいです!!　無理したり背伸びしたりせず、ありのままでいろんなコーデを楽しんでほしいです。この本を読んで、あなたのクローゼットにお気に入りの1着が見つかればうれしいし、コーデ初心者の

方は、もちだスタイルを真似していただけたら嬉しいです！　街でおんなじ服着てすれ違えたら声かけてもいいですか？（笑）
　この本は、いつもYouTubeで私のお洋服紹介を楽しみに待っていてくれるみなさんのおかげで作ることができたと言っても過言ではありません。いつも応援コメントありがとう！　みんなが「可愛い」と言ってくれることが私の自信に繋がります。動画内でもよく話しますが、みなさんも自分で自分に可愛いと言ってあげてほしいです。自分の味方は自分です。周りが言ってくれないなら自分で言ってあげるんです。細胞が喜んでくれるような気がします。私もみなさんにお会いする機会があれば、一人一人に可愛いと言ってあげたいです。
　何歳になっても私はオシャレを楽しんでいきたいと思っています。おばあちゃんになっても、孫にウチのばーちゃんオシャレなんだよねーと友達に自慢されるようなおばあちゃんになりたい！　今読んでくれているあなたも、自由に「あなたらしい」ファッションを楽しんでほしいです。
　私は、私のファンの方を餅田の友達で〝もちダチ〟と呼んでいます。地元の友達のような存在でありたい。そう思ってつけました。この本を読んでくれて、初めて私のことを知ってくれたあなたも、もうもちダチです！　もし私のことを街で見かけたら「久しぶり！」って気軽に声かけてくださいね。

餅田コシヒカリ

早起きして時間を惜しまず使って、
最高の自分でいられるように

オシャレ *mode*

おしゃれをする日は思いっきり準備します。トレーナーに、白のシアー系フレアスカートは私の基本スタイル。甘さ+カジュアルの“カジュアルガーリー”が一番好き。バッグは革風で強めに、足元はソールがスニーカーっぽい上品なバレエコア。

DATA

- **ピグメントロゴスウェットトップス**
  LAVEANGE　サイズ：4L
- **フリルティアードチュールスカート**
  somari imagination
  (osharewalker)
  サイズ：2（LL～3L）
- **イヤリング**
  ラティス
- **バッグ**
  ショップにこにこ
- **ソックス**
  FUN by FUKUSKE（福助）
- **スニーカー**
  スピンズ

お仕事 mode

仕事への移動はいつも同じジャージワンピースを着ています。着ていて楽で、選ぶときに何も考えなくていいように。考えることが多いので、“頑張るモード”を仕事に集中させたいんです。PUNYUSのジャージワンピは、ハイネックで、インナーを考えなくていいのもありがたいです。

仕事に集中できるよう
着替えやすくて楽なものを

DATA

- **ジャージワンピース**
  PUNYUS　サイズ：3
- **厚底スニーカー**
  本人私物

餅田コシヒカリの
体型データチェック！

もちだ的定番Style
コーデ紹介

着用アイテム
サイズ表記
付き!

もちだ Style1

全身PINKコーデ

ここ1～2年はピンクがブームで。くすみがかったピンクは大人っぽく着れていいですね。トップスはスウェットなのでカジュアル感が出るし、ボトムはフラワーレースと素材が違うのでバランスも◎。

DATA

- バックジップ配色ステッチスウェットトップス
  n' OrLABEL (osharewalker)
  サイズ：2（LL～3L）
- フラワーレースキャミワンピース
  クレット　サイズ：4L
- イヤリング
  ラティス
- バッグ
  SHEIN
- ショートブーツ
  la farfa SHOES

まとめ髪も合うかも…？

シルバーの小物や靴は大人っぽくなって超便利！

異素材コーデ大好きです

後ろスリットがウレシイ！

もちだ Style2

デニム大好きコーデ

夏は一番取り入れやすい、青のデニムスカート。トップスを替えれば変幻自在！　上にチュール素材のキャミを重ねることで、下腹への視線をごまかせます。中のTシャツの色を替えて着回しも可。

キラキラ
でっかいイヤリング
この袖の形、
優勝です！
低身長さんには
やっぱり厚底サンダル

シースルーキャミで
お腹ポッコリをカバー

DATA

- **チュールキャミトップス**
  A HAPPY MARILYN
  サイズ：4L
- **バックプリントオーバー T シャツ**
  ショップにこにこ　サイズ：F
- **デニムカーゴロングスカート**
  PUNYUS　サイズ：4
- **ハット**
  本人私物
- **イヤリング**
  ラティス
- **バッグ**
  WEGO
- **厚底サンダル**
  オリエンタルトラフィック（ダブルエー）

もちだ Style3

定番デートコーデ

デートはアクティブ感と可愛さの両方あるスタイルにしたいですね。トップスは首周りが開いていて、ショート丈のものでスッキリ&脚長に。アウターのボリューム感も前開きにすれば目立たなくなります。

スカートの色に合わせると◎

短め丈のトップス＋ロングスカートが定番!

くしゅくしゅの袖が可愛い

DATA

- デザインフードブルゾン
  kOhAKU (osharewalker)
  サイズ：2（LL～3L）
- ショート丈ケーブルニットトップス
  クレット　サイズ：4L
- フレアギャザースカート
  A HAPPY MARILYN
  サイズ：3L～4L
- イヤリング
  ラティス
- キャップ、ネックレス
  本人私物
- バッグ
  スピンズ
- スカーフ
  WEGO
- ショートブーツ
  la farfa SHOES

もちだ Style4

大人女子コーデ

シアー素材でセクシーさUP

ポイントウィッグで
大人っぽさを…

ウエストマーク大事！

しっかりヒールで
安心＆セクシーに

落ち着いたダークグレーのワンピに、胸元でドキッとさせるシースルーのインナーが大人感溢れています。アイテムはベルト・バッグ・ブーツを黒で統一。ポニテウィッグで、大人っぽさをマシマシに。

DATA

- **ハーフジップニットワンピース**
  LAVEANGE　サイズ：4L
- **シアートップス**
  PUNYUS　サイズ：4
- **ベルト**
  PUNYUS
- **バッグ**
  ORiental TRaffic
  （ダブルエー）
- **3WAY ショートブーツ**
  la farfa SHOES
- **イヤリング、ポニテウィッグ**
  本人私物

もちだ Style5

スキニーパンツコーデ

メガネしてみたり
三つ編みしてみたり

トップスの
高さに差をつける
テクニック✧

靴とバッグの質感を
そろえると決まりやすい!

お尻周りが気になるスキニーパンツは、トップスを長めにして隠すようにしています。シャツより短いクロップド丈のトレーナーでウエストに切り替えを作ると、脚が少し長く見えますね!

DATA

- **ショート丈スウェットトップス**
  PUNYUS　サイズ:3
- **ユーズドのストライプシャツ**
  スピンズ　サイズ:F
- **ストレッチスリムパンツ**
  ニッセン　サイズ:6L
- **メガネ**
  ラティス
- **バッグ**
  ORiental TRaffic
  (ダブルエー)
- **ソックス**
  FUN by FUKUSKE(福助)
- **2WAY シューレース厚底シューズ**
  la farfa SHOES

もちだ Style6

思い出の甘辛MIXコーデ

キラキラ イヤリングも重要ポイント

私のおしゃれの第一歩、甘辛コーデ。王道の花柄ワンピースに、ライダースジャケット。ライダースはリーズナブルなものなので、軽いんです。当時はこの組み合わせばかり着ていましたね。

DATA

- **フェイクレザーライダースジャケット**
  本人私物
- **ケープ付き花柄ワンピース**
  A HAPPY MARILYN
  サイズ：3L～4L
- **イヤリング**
  ラティス
- **ソックス**
  fukuske（福助）
- **Tストラップシューズ**
  la farfa SHOES

CONTENTS

第4章 アウター・靴・下着……悩みの多いアイテムたち……

第5章 YouTubeのおしゃれ配信とお悩み相談

第6章 前向きな気持ちが「可愛い」を作る

ダイエットはもう やめました

第1章

♥あまりにもつらかったダイエット

私は2018年に、『4ヵ月でここまで痩せました！ 餅田コシヒカリのダイエット日記』という本を出しています。「ダイエットに成功したら書籍化しましょう！」というお話をいただいて、4ヵ月でマイナス22キロ、ウエストマイナス30センチを達成しました。

あれから6年。その挑戦が終わってすぐ、10キロくらいリバウンドしています。『ダイエット日記』のエピローグで「現在もダイエット続行中です」とお伝えしたこと自体は事実でした。でも書き終えて2ヵ月くらい経つと、徐々にふっくらし始めてきてしまい、書籍が発売された時点では、5キロほど戻っていて……。ダイエット本出版のご褒美として、人生最初で最後のグラビア撮影をやりましたが、そのときはすでにリバウンドしてしまっていて、スタッフさんたちも「あれ？ やせたんじゃなかったっけ？」みたいな空気感になっていました。ごめんなさい！

リバウンドの要因は、トレーニングをやめたことが一番大きいと思います。ダイエット本を書き進めている長い期間のさなか、あるテレビ番組のダイエット企画が同時進行で始まりました。1〜2週間という短期間で、一気にやせようという企画です。それがもう、キツくて!! ゴリゴリのトレーニングに、泣きながら必死に食らいついていました。トレーナーさんはとてもいい人で、厳しいときは厳しく、寄り添うときは寄り添ってくれたので、今でも感謝しています。ただ、あまりにも厳しかったので、ストレスによる反動で体重はすぐに戻ってしまったのです。

♥「容姿笑い」がテレビから消えて……

私がリバウンドした時期に、テレビの世界で〝容姿を笑うこと〟に関する議論が巻き起こりました。「コンプライアンス的に良くないのでは」と言われ、「容姿をイジる笑いは、私はやりません」と宣言される方もいらっしゃったり。

その状況下で、自分はどうしようという思いがありました。「顔と体のギャップ」が、セールスポイントのようなものだったのに。リバウンドして体が大きくなり、体型をネタにした笑いをやっているのに、世間の風潮はそうじゃない。周りがイジれないのならば、「太ってる意味、ないじゃん。やせちゃおうかな」と思いました。

それを機にYouTubeの企画で、ダイエットを始めたんです。パーソナルジムに通ったり、管理栄養士の方に食事の写真を送ったりして、1年間で13キロくらい落とすことができました。でも元が110キロあったので、頑張って13キロ落としても、まだ90キロ台なんですよ。「ザ・やせた」という見た目には程遠い。私は身長が低いので、相当やせないと見た目では気づかれないのです。疲れてしまって、ちょっとずつ嘘を重ねるようになりました。「ダイエットやってます！」と公言して、やってはいるけど以前ほど本気で頑張れていない。実情を隠したまま、ずっと中途半端に続けていました。

YouTubeの視聴者さんのなかにも、ダイエットに関する報告がないことに気づく人がだんだん増えていって。「最近、ダイエット企画をやらなくなったけど、どうした？」「ぽっちゃりしてきたけど、大丈夫？」など、不信感が募っていると感じながらも、そこから目を背けてごまかしていました。そんなとき私が組んでいるコンビ「駆け抜けて軽トラ」の相方・小野島（徹）さんと話す機会があり、そこで「ダイエット、どうしようか」という話題になったんです。

「太っていても芸人として得ではなくなった」と思い、やせようと決意した私。でも以前のような、ハードなダイエットに取り組んでその過程を公にしながらやせるのはもう無理でした。「餅田はどれだけやせるのか」という期待感がプレッシャーになり、重荷に感じるようになってしまった。そう小野島さんに伝えたら、「始めたからには〝この企画、終わりました〟というエンドマークをつけないと、良くないんじゃないの」というアドバイスをもらったんです。

そこで、ハッと気づかされて。確かに、このままずるずると引きずるのは良くない。小野島さんに立ち会ってもらった状態で、「ダイエットやめます」宣言をYouTubeでしました。その瞬間、私のダイエット人生は終わったのです。

♥予想外だった、「やめます」宣言への反応

「やめます」宣言に対する反応は、ありがたいことに温かかったです。「ちゃんと言ってくれて、良かった」「中途半端だったことが明らかになり、スッキリしました」など、たくさんの反響をいただきました。「嘘をついていた！」「騙してたんだ！」と責められるかなと想像していましたが、素直に報告したことで「逆に勇気がもらえた」と言ってくださった人もいて、うれしかったです。

多分、同じ経験をしている人は多いと思うんですよ。ダイエットって、一生ものです。終わりがない。ダイエットに成功した人はリバウンドしないよう気をつけなくちゃいけないし、成功していない人は効果が出るまで続けなきゃいけない。そこでみんな苦労しているのに、「ダイエットします！」と言った私があやふやにしていたら、見ていてスッキリしません。きっぱり宣言した結果、「〝やめる〟と言ってもいいんだ、と勇気がもらえた」とのコメントもたくさんいただきました。確かに「もうやりません」宣言をする人、あまりいませんよね。いろんなダイエットに手を出してはやめたりを繰り返していましたが、宣言して終わらせて良かった。今はそう断言できます。あのとき小野島さんが背中を押してくれたことは、感謝してもしきれません。

ダイエットに心残りはありません！

今はもう、「ダイエットしたい」という心残りはありません！

これまでずっと「自分はダイエットしなきゃいけないんだ」と、自分で勝手に決めつけていました。何しろ私は、芸人になってからずっとダイエットしていたんですから。餅田コシヒカリは、「ダイエット」という言葉とずっとセットで生きてきました。周りが「この子、やせさせたい！」と感じる、いい物件なんでしょうね。「やせたら、どうなるんだろう」を見たい欲を刺激するというか。ずっとその期待を背負ってるつもりで生きてきたけど、周りは別に、そこまで求めていなかった。

お笑いに対する向き合い方も、小野島さんと話し合いポジティブなものになっていきました。ダイエットしなくてもいい、自分がしたいときに好きなようにやればいいという状況になったことで、メンタル的にも解放されました。みなさんの温かい反応を見て「やせなきゃいけない」という呪縛が解けました。断ち切れて良かったです。

今の自分のここが好き

自分の体型で、「ここが好き！」というところは……周りからホメられるのは手ですね。男女問わずいろんな方が「わー、ムチムチだね！」とうれしそうに触ってくれます。

この指、好きな人にプレゼントされた指輪が第一関節までしか入らなかったりして、実はコンプレックスでした。でも最近は「これが愛されるポイントなのかな」と思えるようになりました。私の指の付け根には、エクボがあります。手をグーにすると甲に浮き出てくるはずの指の付け根の骨が、人生で一度も出たことがありません。赤ちゃんみたいで可愛らしいじゃん！って今は思えます。

他のお気に入りポイントは、やっぱりお腹かな。ずっとネタで使っているし、象徴やアイコンみたいなパーツでもあるので。好きというか、「自分」という感じがします。太ももは子供のころからこの太さですが、「誰にも負けない太さだな」といっそ誇らしくなってきました。日本人でこの太さは、あまりいないんじゃないかなと思っています。

顔は親からもらったものだし、本当に愛している部分ですね。「愛嬌がある」と言っていただく機会が多いのですが、体型はもちろんのこと、親からもらったこの顔もそう言ってもらえる理由の一つのような気がします。

ダイエットしていたときの自分の顔、確かにとっても細いんですよ。私はカトパンさん（加藤綾子アナウンサー）のものまねをしていて、そこに関しては細いほうが似ていました。ただ自分で言うのもなんですけど、あのころは可愛くなかった。疲れているように見えるし、ハリがないんです。今の自分のほうが、顔は前より太っていますが、可愛いと思えます。体型も、やせているときより今の自分のほうが、私は好きだと感じています。「めちゃくちゃやせたらどんなふうになるんだろう」とは思うし、憧れはもちろんありますけど、可愛いと思うのは今の自分です。

「やせたら可愛くなる」と信じている人、世の中にはたくさんいます。それは太っている人自身だったり、側から見て「この子やせたらいいのに」と思っている人もいるでしょう。私もしょっちゅう、周りから言われました。でもそれって、無責任に言っているだけ。私自身、やせきったら自分は可愛くなるかもしれない、とも思います。過程で疲れているように見えたり、イキイキしていなかったり。そういう自分を愛せるのであればダイエットすること自体を否定はしません。ただ私はダイエットをやめて良かったなと、今は思っています。

プラスサイズ服の移り変わりとともに

元からお洋服はすごく好きだったんです。遡ると小学生のときから興味はあったけど、同じ世代の子に比べてめちゃくちゃ太っていたんですよね。あまり着られる服がないから、親が買ってくれた服をただ着ることが多かったです。アベイルやしまむらは重宝していて、そこで売っている服ばかり着ていました。高校時代までは部活が厳しかったのですが、引退してから初めて自分で服を買うようになりました。ちょっとお姉さんっぽい服屋さんに友達と頑張って入ってみたり。ただ当時はぽっちゃりさんの着られる可愛い服が、今ほどなかったんです。プラスサイズはマダム用のものが多くて、それこそトレンドのお洋服……例えば「デニムオンデニムが流行っていますよ」と言われても、そういうテイストのプラスサイズはなかった。GUも昔は3XLなんてなかったですし。選択肢がほぼなく、ファッションを楽しいとはあまり思えない時期でした。

20代半ばくらいからYouTubeを始め、洋服の紹介をするようになりました。調べてみると、「プラスサイズでもこんなにいろんな服があるんだ」とびっくり。さらに『la farfa』というぽっちゃりさん向けファッション誌（現在は休刊）に出させてもらい、そこでいろんな可愛いお洋服を知りました。ぽっちゃりモデルさんも増え、いろんなタイプの服を可愛く着こなしていらっしゃる姿を見て、「時代は変わったんだな」と実感したんです。YouTubeで洋服を紹介するようになって、視聴者さんとの情報交換もでき、よりおしゃれが楽しくなりました。

♥ファッション観を変えたライダースジャケット

中学生のときに『ラブベリー』だったかな、小学校高学年〜中学生向けのファッション誌を読んでいて。好きだったモデルの子が、「甘辛ミックスコーデ」をよくやっていたんです。甘辛の〝辛〟って、だいたいライダースなんです。そこに可愛いアイテムを合わせるのが、甘辛ミックスコーデの主流でした。そのモデルさんの着こなしにずっと憧れていて、でもなかなかサイズが合うライダースが見つからなかったんです。ある日、可愛くて着られるものをゲットして、「これで甘辛ミックス、イケるじゃん！」となり、今にいたるまで自分の定番アイテムに。

昔は高級な本革のライダースがほとんどでしたが、近年はカジュアルなものが増えました。薄手のライダースは着やすいし、軽い。当時私が買ったのも、3〜4000円くらいの安いライダースです。

あのころのプラスサイズ用ワンピースは、ベーシックな〝ザ・花柄〟で、ひらひらした長袖のものがほとんどでした。私はファンシーなものがそんなに好きではなかったので、ライダースを手に入れたことで「あ、これだ！」と思えました。今でも甘め×辛めはコーデを作る基本となっているので、私のルーツと言えるかもしれないです。ようやく手に入れたライダースと花柄ワンピを合わせたコーデは一時期、一番のお気に入りでした。

ぽっちゃりさん的お買い物セオリー

第2章

1万円を超える買い物はほとんどしません！

洋服を買うときにまずチェックするのは、値段です。そもそもハイブランドの服は、入らないというのもありますが……。ぽっちゃりしていると、買った服が着られなかったという経験は何度もありますよね。高い服を一発買って大失敗するよりは、ちょっと失敗しても「まぁ、仕方ないか！」と思える価格帯の服を優先するようにしています。高い服を買って入らなかったり、なんとか入っても微妙な感じだったとき、本当にショックを受けるんです。「しょうがない、売るか」とは思うけど、手放すのがつらい。だから最近は、手頃な価格のものばかり買っています。

トップスだったら、5000円以内。1着につき1万円を超える買い物は、あまりしないです。今は可愛くて安い服が多いし、オーバーサイズのアイテムも増えてきて本当に助かっています。ボトムスも5～6000円くらいかな。海外の通販サイトでは、2000円以下で可愛い服が買えちゃうのもうれしいですね。

逆に「ここにはお金をかける」みたいなアイテムは、コスメです。プチプラ系も買うし使うけど、デパコスを持つ楽しみもあると思うんですよ。デパコスって、パッケージの可愛いものが多いし。持っている多幸感がすごく好きなので、容赦なく買っては使い切れず溜まっていきます。

買い物は通販派？　実店舗派？

買い物は、ゴリゴリの通販派。実店舗のあるプラスサイズブランドは本当に限られていて、全国展開しているPUNYUSや、百貨店にあるようなブランド、もしくはしまむら・アベイル。しまむら系列がずっと人気なのは、実店舗があって試着ができるからだと思うんですよね。

それ以外だと店舗はほぼないので、やっぱり通販になっちゃう。できることなら、試着はしたいです。実際に着て、合わなければその場でキャンセルできるのは楽だし助かりますから。通販でサイズが合わなかった場合、返品できないところも多いんですよね。サイズ交換ならできるけど返品はNGというブランド、結構あります。サイズ交換するのも面倒なので、諦めて人にプレゼントしちゃいます。

通販での失敗談アレコレ

通販では「せっかく買った服が入らない」という失敗を、何度繰り返してきたことか……。モデルさんが試着している姿と、低身長の自分が着た姿とのギャップが大きすぎる。「全然違う」「こんなに丈が余っちゃったら引きずるよ」「自分には似合わない」と、諦めたアイテムは数知れず。トップスの場合、袖ぐりはサイズ表に書いてあるけど、袖口でキュッと絞られていて入らなかったり。肩は入るのに、二の腕のところで止まって「ヤバい、鬱血しちゃう！」となったり。

ボトムスの失敗もあります。当時流行っていたスポーティー系のシャカシャカ素材スカートを買ってみたんですよ。届いて試着してみたらちゃんと入ったし、見た目もステキだったんですけど、自転車を漕いだら太ももがパツンパツンで脚が回らない、漕げない！　結局、小股でちょこちょこ漕いで、なんとか目的地についたはいいけど……今度は降りられない。ちょっと脚を開くと、パンッと張って目いっぱいになるんです。見た目はスポーティーなのに実際は全然スポーティーじゃなく、「伸縮性、大事だったーっ！」となりました。

自分のサイズからは目をそらさない！

そんな失敗をたくさん経てきた私が、今通販で買うときに必ずやっている決めごとは、「イケるっしょ」とは思わずにサイズ表をちゃんとチェックすること。きちんと見るようにしてから、成功率がグンと上がったんですよ。

一度、自分の中でラインを決めておくといいかもしれません。私は身幅60センチ以上のトップスは、たいがい着られるんですよ。どこを重点的に見るかもポイントで、私は「肩幅より身幅を重視する」と決めています。それは、自分がなで肩だから。逆にいかり肩の人は、肩幅を重視したほうが着られる可能性が上がりそう。

目をそらさず自分のサイズを把握して、サイズ表を現実的に見るのは大事です。そのためには、ちゃんと自分のサイズを測っておくこと。そして、その数字を下回るものは諦める。どれだけデザインが可愛くても、きっぱり諦める。私も以前は「イケるかも」と買ったり、「いつかやせたら、着られるし」と残したりもしたけど……そんな日は来なかった。クローゼットの中でただ眠らせておくくらいなら、買うこと自体を諦めたほうがマシです。

あとは生地感や、伸縮性も大事。素材をチェックすると、伸縮性はある程度わかります。綿100%やポリエステル100%は、そんなに伸びません。その素材でほしいものがあったら、迷わず大きいサイズを買います。デニム生地は伸びにくい上に厚手なものが多いから、ジャストサイズのワンピースは避けたり。逆にニット系のワンピースはわりと伸びるから、ギリギリのサイズでも着られる可能性はあるな、とか。写真をよく見て、フィット感や伸びやすそうかを予測します。このへんの見極めは、難しいんですけどね。

ウエストにゴムが入っているかどうかは、説明書きと写真をよ〜く見てチェック。モデルさんの身長も、絶対に見ます。丈も何センチまではOKかを自分の中で決めておく。私は着丈が

120センチだと長すぎるので、それ以下にするようにしています。

♥「デカすぎる問題」と「フリーサイズ問題」

「入らない問題」はサイズをちゃんと把握してだいぶ減ってきたのですが、逆にプラスサイズ店での「デカすぎる問題」はなかなか解消しません。あるショップで3Lのニットを着ているモデルさんを見て、「この感じなら自分は5Lが良さそうだな。ブカッと着たいし」と注文しました。実際に届いてみたら、あまりにもデカすぎて、見た目がまるでクマさん。「3Lと5Lでこんなに違うんだ！」と驚きました。ウエストに合わせると丈が長くて引きずる「低身長ならでは問題」とか。同じブランドの商品でもサイズ感が違ったりすること、時々ありますよね。

また世の中には誰でも着られるという「フリーサイズ」がありますが、私には入るフリーサイズと、入らないフリーサイズがあります。入るフリーサイズを探すのは結構苦労しますね。細身のモデルさんがオーバーサイズで着ていたり、商品概要欄に「今流行りのオーバーサイズ」などの文言が書かれているものは、私が着たらぴったりということがよくあります。ただそういう服はぽっちゃりさん向けではないので、「肩はイケるけど二の腕がダメだった」みたいなことが起きやすいんですよね。私はなで肩なので、肩から二の腕にかけての部分がゆったりしているドロップショルダーは得意なんですが、このタイプが苦手なぽっちゃりさんもいるみたい。ぽっちゃりさんでも肉のつき方がみんな違うので、人によってそれぞれ得意な服と苦手な服があるな、と感じます。ある程度の失敗はもう「これは勉強だ！」と思って、落ち込まずにチャレンジするしかないんじゃないかな。ただ私はこれもネタにできるけど、ファッションにそこまでお金をかけられない子もいると思うから、その分私が動画のチャレンジ企画でいっぱい失敗するので見て参考にしてもらえればなと思ってます。

♥ぽっちゃりブランドのまとめサイトをチェック

お気に入りのブランドを見つける方法は、ぽっちゃりさん向けのブランドだったらまとめサイトにだいたいリストアップされています。インフルエンサーさんやぽっちゃりモデルさんがSNSにコーデを上げるときにブランド名をタグ付けしているのも、かなり有用です。気になるブランドをSNSでフォローしておくと、新作が出てきたときにチェックできます。

まずは各アイテムで安心して買えるブランドを決めておくのもいいかもしれないです。例えば好きなTシャツが見つかったブランドで、次もTシャツを探す。さらに掘ってみると気に入るものが出てきたりするし、サイズ感も把握できますしね。そこから少しずつ輪を広げていくとか。

海外通販は「写真と違うものが来る」覚悟で

海外通販は国内と結構違って、これまた難しい。ただ最近はありがたいことに、レビューがすごく増えているんです。それを読みに読みまくり、海外の人のレビューも翻訳して読み込んでです。訳すと「大きすぎます！」みたいなことが書いてあったりするので、とても参考になります。まずはレビュー、とにかくレビュー！

海外通販は、写真と違うものが来る覚悟で買うようにしています。「絶対違うものが来る」レベルの心の準備をしておかないと、ショックを受けるので。何割もマイナスに考えておいて、現物が届いたときの衝撃を和らげるようにしておきます。

届いたら「想像と違う！」という失敗、もうありすぎて！　ズボンが明記していたサイズと違って、30センチくらい丈が余るとか。プラスサイズで頼んだはずのトップスは、届いたらなぜか子供用くらいの小さいヤツで首までしか入らず「こりゃダメだ」とか。黒いジャケットを頼んでみたら、テカテカした90年代っぽいジャケットだったり。「デニムだな」と思って頼んだズボンは、「デニム風の布」で、はいてみたら下着がめっちゃ透ける、みたいな。写真では可愛かった水着が、届いたら局部しか隠れないような三角の布で「小っさ！」とびっくりしたこともあります。

海外サイトのほうが、サイズの幅が広いんですよ。でもＴシャツやトレーナーみたいな日常使いの洋服は、買うのをやめました。一度洗っただけでシワシワになるものが多かったので。それだけ何度も失敗しても、可愛いものが多くてほしくなるんですよね。それこそ私が最近買って大成功だった白のフレアスカートは、海外通販で買ったものです。フリフリがついたチュールスカートは日本のブランドだと大きいサイズがなくて、ぽっちゃりさん向けブランドでは見つからない。日本のブランドではサイズがない、個性的なアイテムを海外で見つける感じですね。

♥カジュアル×ガーリーが好き！

好きな傾向はあまり決まっていないけど、「カジュアルだけどガーリーが入っているコーデ」かもしれない。基本的にパンツスタイルよりも、スカートのほうが得意です。ただ、動きやすさは重視したい。コンサバ寄りな大人っぽいスタイルも好きですが、スニーカーを合わせてみたり。ストリート系にハマっていた時期もあり、カジュアルがベースにあるのかな。

ファッションの参考にするのは、やっぱりインフルエンサーの方やブランドのホームページ。でもあんまり、ぽっちゃり系の情報にこだわってないかもですね。自分で着られないものも、気にせずあれこれ見ちゃいます。ポップクリエイターのあさぎーにょさんのＹｏｕＴｕｂｅが大好き。

自分で着るわけじゃないけど、カラフルでワクワク感のあるファッションも好きです。他に好きな系統で言うと、オールブラックのモード系！　カッコいい感じの、超キマってるタイプ。でも私が着られるサイズのモード系アイテムは少ないですし、どうしても値段が全体的に上がってきちゃう。そのままは真似できなくても、少しずつ自分のコーデに取り入れたりしています。

膨張色を怖がりすぎない！

「白や淡色は膨張色で、より太って見えるから避けたほうがいい」と言われがちですが、最近は「使い方次第だな」と思ってます。

私自身、最初は明るい色を着るのは抵抗がありました。特にボトムスは下半身が大きく見えるな、と思っていたから。でも帽子や靴などで体の上下に黒い小物を持ってくると、ちゃんと引き締まるんです。もしくはバッグに派手めな色を持ってきて目線を散らしたら、そんなに気にならない。もちろん、全身を明るい色でまとめてしまうと膨張して見えるのは避けられない宿命なので、そこは気をつけたいところです。ウエストマークをしっかり作って、スカートならプリーツにするなど縦ラインを意識すればスッキリ見えます。

肌を隠しすぎると重く見えるし、暗い色ばかりだとくすんで見える。大事なのはやせて見えることより、可愛く見えること。肌が明るく見えたり、おしゃれに見えたりすることのほうが、ちょっとやせて見えることより効果が大きいと思うんです。極端に言えば、肩の丸みや二の腕のぷにっとしたところをチャームポイントにしたっていいんだし。

♥やせて見えなくても可愛ければいいや

ＹｏｕＴｕｂｅの企画で、パーソナルカラー診断に行ってきました。ずっと「イエベ秋」と自称していた私、この診断で「イエベ春」と判明しております。私はブライト系で、明るい色が似合うとのこと。確かにテレビの衣装でレモンイエローの服を着たとき、顔がキレイに映っていて、「こういう色もいいな」と思いながらもなかなか挑戦する機会がありませんでした。今後はそういうカラーを、自分が好きな色の系統で探していけたらなと思います。診断中にメイクも教わって、「こんなに肌が明るくなるんだ」と感動したので、最近は買い物のとき少し意識してますね。

ただパーソナルカラー診断に合わせて全部変えようとは思っていません。服選びで悩むときの一つの指針みたいなもので、「これに挑戦してみよう」という後押しになったとは思います。結果に振り回されすぎも、良くない気がして。

第一印象を変えたかったり、今の自分からの変化を求めているなら、素直に取り入れるのも一つだと思います。でも「私はイエベだからブルベの服は着ません」とか、「あなたイエベなのに、ブルベを着てるよ」と指摘しちゃうところまでいくと、「頑なすぎないかな？」と思います。純粋に楽しめなくなるし、余計な悩みが出てくると思うんですよ。おしゃれって、やっぱり楽しむものだから。

私自身、最近は「やせて見えなくても可愛ければいいや」という気持ちがあるんですよね。自分が可愛いと思うものを着ることが、一番おしゃれだと思っているし。「膨張色だから太って見えるかも…」みたいな悩みも、自分の目が慣れてないだけの可能性だってある。目が慣れれば、そっちのほうが似合うことだってきっとあります。

おしゃれって、楽しいですよね。「可愛いは楽しい！」、私はそう思うんです。「〇歳なのに…」という言葉も、〝年相応〟という概念を気にするなというのは難しいかもしれませんが、やりたいことをやって、着たいものを着るほうがいいと思う。いつまで生きられるかなんてわからないから、楽しいときに楽しいことをしたい。それだけなんです。

第3章

基本のお洋服はこうやって選んでます！

♥トップスは幅広くそろえておく

ぽっちゃりさんはボトムスに制約が多いので、その分トップスは幅広くそろえています。スポーティーなものから、ちょっとフリルがついているガーリーなものまで、こだわらずに試します。キレイめ系よりは、トレーナーなどのカジュアルアイテムを選びがちかな。そこにフェミニンなスカートを合わせて、カジュアルガーリーにするのが私の定番コーデです。

色に関しても、できるだけいろんな色を幅広く買うようにしています。以前はトップスもダークで無難なものばかり選んでいたんですけど、最近はライトカラーが増えました。

基本的に外で人と会うときって、テーブルで向かい合って話していません？　下半身ってそんなに見えないんですよ。それなら「上半身でおしゃれなイメージをつけるほうがいいな」と思い、トップスにコーデのポイントを置くようにしています。

私は、トップスの丈は短めのほうがキレイに着やすいです。背が低いので、なるべく重心を上げたいから。普通の人にとってはショート丈のものが、自分にとってはちょうどいい長さだったりするので、あえてそういうものを選んだりしています。

♥このサイズなら入る、という数値を知っておく

トップスはプラスサイズの専門店にこだわらず、通販サイトなどでなるべくいろんなブランドを見るようにしています。普通のブランドでもオーバーサイズのデザインなら、入るものが多いですから。私は基本的に身幅が60センチ以上で、伸縮性のある素材のものを選べば、たいがい入ります。

「このサイズなら入る」という自分の数値を、正確に知っておくといいと思います。ZOZOTOWNだと以前買った服との比較が出るので、それを参考にするとわかりやすい。「あの服が入ったから、これも入るんだ」とわかるので、躊躇なく買えたり。写真だと印象が変わることも多いので、「これ、前に買ったあの服よりちっちゃいんだ、意外！」みたいこともありますし。あの機能は、駆使しています。それと、私もYouTubeの企画でなければやらなかったかもしれないけど、自分の各部位のサイズを測ったのは良かったなと思っています。思った以上に通販での失敗が減りました。

♥襟ぐりは鎖骨あたりが出るもの

基本的に首、手首、足首の3つの〝首〟は、見せたほうがやせて見えると言われています。私は小さくて体型がギュッと詰まっているので、全部覆い隠すとまん丸な印象になってしまうので、首周りはスッキリ開いているものを選びます。

襟の形で好きなのはVネックやスクエアネックなど鎖骨あたりが出るもの。とはいえ私、鎖骨は埋もれていて見えないいんですけど……。それでも襟ぐりが広めの服のほうがキレイにバランスが決まるし、首が長く見えるんです。タートルネックだと、グッと詰まってしまう感じがあって。あれはあれで、二重あごが隠せて好きなんですけどね。デートなどでキレイめにしたいときは首周りを見せて、ネックレスを映えさせます。細い部分に華奢なネックレスをつけると少しセクシーな感じも出ますしね。

♥無地で柔らかめの素材が好き

シャツは見た目からして柔らかさが感じられるとろみ系の素材や、テロンとしている素材のものが好きです。アイロンをぴっちりかけるようなYシャツ系は着るとどうしてもサラリーマンっぽくなってしまうので、着こなしが難しくて。男性感が出てしまうのは、私の二の腕や肩などの体型に貫禄があるせいなのでしょう。素材で女性らしさのあるものを選ぶようにしたほうが、キレイに見える気がします。

無地のほうが好みで、色合いでセレクトすることが多いです。シャツの色で多いのはピンク、白、水色。ライトカラーが多いかな。ストライプシャツも持っていましたが、単体よりトレーナーの下にレイヤードとして着ていることが多かったです！

もし柄を入れたいときはワントーンのチェックが便利です。私は特にオンブレチェックが好み。オンブレチェックのボーイッシュなシャツにスカートを合わせるコーデ、大好きです。

♥ Tシャツもトレーナーも FREAK'S STOREがお気に入り

トップスはFREAK'S STOREでよく買います。ユニセックスタイプのサイズ展開でサイズ的に、ぽっちゃりさんも入るものが多いんですよ。トレーナーが裏起毛だったり、ストレッチがきいていたり気配りがあるのもポイントが高い。先日ピーナッツのワンポイント刺繍が入ってるものを買いましたが、「可愛いね」とよくホメられます。カラーバリエーションも豊富だし、可愛い系とカジュアル系の両面ある感じなので、どちらの期待にも応えてくれますし。お値段的にもお手頃で、Ｔシャツなら５０００円以内で買えると思います。

あとはｆｏｒｋｓｙ．というブランドもチェックしています。ぽっちゃりさんでも入る服が時折出てくるし、リーズナブルながら1枚で映える今っぽい服が多いんです。

レイヤードアイテムはお腹隠しの味方！

本来なら、Ｔシャツはさらっと1枚で着たいんですが、時期や着こなし的に、何かを重ねることもあります。ショート丈のトップスだけだとお腹のポッコリ感が気になってしまうときにオススメ。ロング丈のトップスを着るより印象が重くならないし、コーデに変化も出せるので、ちょっと難しそうに思えるかもしれないけどぜひ試してみてください。羽織りもの系は、サイズもあまり選ばないので意外と難易度が高くないんですよ。

去年は流行のビスチェが多かったかな。あと、穴がいっぱい開いているメッシュっぽいベストも流行っていたので、それも手に入れました。ベストタイプのものは、ＴシャツとロンＴのどちらにも合わせやすいので、使い勝手がいいですし。ジレも流行ってますよね。キレイめのコーデは「ジレを入れると可愛くなるよなぁ」とは思うのですが低身長にはあまり向かないという自覚があるので、私はあまり使いません。低身長さんには、ミドルの丈のジレがオススメです。トップスをボトムにインしてハイウエストにするのもポイント！

♥ カーディガンは〝あざと可愛い〟系を選びます

カーディガンは薄手のボレロっぽいものとか、女の子っぽいものが多いです。流行っているからというのもありますが、前を紐で結ぶのとか、薄手のピタッとしているカーディガンって「キャワだな」と最近思って。K－POPでこういうアイテムを着こなしている人が多いので、惹かれるのかもしれません。

冬に着るならふわふわな素材で、あざとい感じの萌え袖系オーバーサイズなカーディガンが好きです。短めの丈のものより、大きめのものをテロンとした感じで着たほうが可愛い。そういうカーディガンに、デコルテを見せるセクシーでタイトなワンピースを合わせたり。冬でもさりげない肌見せを意識すると、セクシーで可愛くなりますよ。

ボトムスは過ごしやすさが重要

トップスは幅広く買いますが、逆にボトムスは厳選して買うようにしています。ボトムスのほうがプラスサイズ専門店で買うことが多いのもあって価格帯も高めですし、合わせやすいものを選んで数を増やしすぎないようにしていますね。実験的にいろいろ買ってみた時期はありましたが、結局着るアイテムがだいたい決まってくるんですよ。過ごしやすさが一番大事。なので、少し値段が高めのものでも着心地や機能性重視で選びます。特に長距離の移動があったり、長時間同じ場所で座っているような日は、ボトムスの締め付けがキツいとつらいですから。

ウエストは絶対にゴム！

ウエストはゴム一択。最近増えている前の一部が布で、脇腹あたりからゴムになっているものとかも、一瞬「入るかな」と思いがちですが実際入ったことがありません。

プラスサイズブランドだったら、ウエストがゴムじゃなくてもまれに入ることがあります。ただ「ゴムじゃないけど、サイズ的には大丈夫」というボトムスを選ぶと、逆にウエスト自体が大きかったり、ウエストにサイズを合わせているから丈が長かったり。ゴムが入っているけど最後はファスナーで閉めるタイプも、「ファスナーが上がらない！」というトラブルが起きたりするので避けています。ネット通販で買うと、「総ゴムに見えていたのに実は違った！」事件がたまに発生します。見極めたいときは、前後の画像をとにかくじっくり見る。説明欄もしっかり読む。「ウエストは一部ゴムです」「後ろはゴムなので安心！」などと書いてあったりするので、総ゴムじゃないことがわかります。服の名前で検索して、試着している人のレビューを他のサイトでも見たり。「WEAR」という実際に着ている人がレビューを挙げているアプリがとても参考になります。

♥圧倒的にスカートが好き

スカートは、私のコーデの肝とも言えるかも。お気に入りはロングで、歩くと足首が見えるくらいの丈感。脚は隠したい子が多いと思うし、私自身も完全にそっち派。だから、なるべく丈の長いアイテムを選ぶようにしています。でも足首は見せたほうが、キレイにまとまるかな。色もベーシックなものを選ぶことが多いです。上が明るめの色で、下にちょっと暗めの色を持ってくると、目線が下にいって着やせして見えるという話を聞いたことがあって。私はお腹周りとお尻周りがボリューミーなので、そこに暗い色を持ってきたほうが目立たなくていいな、と。

明るい色でも白などの合わせやすい色を選んでいます。使う頻度が多いのは、フレアスカートです。ガーリーにしやすいし、着心地も楽ですしね。一番動きやすく、コーデを組みやすいと感じるのがフレアスカートなんです。

タイトスカートは着こなしでお腹をカバー

タイトスカートは、伸びる素材のものが好きです。ジャージとか、ニット系。その素材なら、GUで売っているものでもはけたりします。ニットスカートはボディーラインが出やすいのですが、お腹周りはトップスで隠しちゃえば気になりません。お腹についているお肉を私は「残像」と呼んでいるんですけど、タイトスカートはこの残像が出ることを覚悟して買います。その分、お腹とお尻をカバーするようなチュニックのトップスを合わせてみたり、オーバーサイズのトレーナーをブカッと着たり。脚の細い部分だけが見えるシルエットにすれば、タイトでもボリューム感は目立ちづらいんです。加えて、スリットが入っているものを選ぶようにしてます。脚を思いっきり隠すより、切れ目があって肌がチラッと見えるとスッキリ感があります。肌がどこか見えるコーデのほうがまとまると思いますし、女性らしくて好きです。

♥最強スカートは白のフレア

無地のフレアスカートは、コーデを選ぶときに楽ちんですね。特に白のスカートって、ちょっとこじゃれ感が出るので便利です。どんなトップスでもわりと合うし、上級者とまではいかなくとも、おしゃれっぽい人に見えるんですよ。「白いフレアだと広がって見えそう……」と不安になるかもしれませんが、黒のブーツや革素材の小物を合わせれば全体的に締まるのでご心配なく。チュールを重ねた白のフレアスカートは、最近手に入れたアイテムの中でも大当たりでした。海外サイトで買ったんですけど、２０００円というお得さも良かった！　ガーリーなんだけど、意外とどんなトップスでも合わせやすいんです。上がカジュアルでもいいし、キレイめでも合う万能アイテムです。

♥願望に応えてくれるプラスサイズ専門店

パンツは特に機能性を重視します。パンツは丈とサイズ、２つの勝負にまず勝たないといけないので。一時期、安価な量販店で頑張って買おうとしていました。でも、これはいい作戦じゃなかった。量販店は基本的に普通サイズで展開しているので、「このサイズなら着られる!」と思っても、はいてみたらキツかったり、イメージと違うことが多くて。最終的に、プラスサイズ専門店に頼るようになりました。

プラスサイズ専門店は、ぽっちゃりさんの悩みに応える面で優秀なものが多いんです。股ずれしがちな人が多いから、内股がずれないような生地や作りになっている。ウエストから股の部分までが深めに作られていてはき心地が良かったり、大きくしてほしい腰周りがしっかり大きめに取られていたり。A HAPPY MARILYNというプラスサイズブランドでお仕事させてもらったときに、「すごくパンツに力を入れてるな」と感じました。いろんなタイプのぽっちゃりさんに配慮したデザインがあって、種類が豊富なので重宝しています。

♥タイプ別のパンツ選びポイント

得意なパンツは、ガウチョパンツ。私はスカートに合わせたトップスが多いし、そういうコーデをよく組むので、近いデザインのほうが合わせやすい。おまけにガウチョは、体型を拾いづらいんです。お腹のポッコリやお尻の大きさをカバーしてくれるのに、ズボンだから過ごしやすいし、股ずれもしづらい。スカート同様に、足首の見える丈で、ウエストを少し上げて着られる股上の深いものが脚が長く見えて好きですね。

デニム素材のパンツは、夏用のデニムを1着だけ持つ程度。背が低いので、丈をマストに考えてます。長すぎると困るけど地面ギリギリくらい長め丈でもいいかな、という感じですね。ピタッとしているものよりは、オーバーサイズのほうが好み。形もフレアっぽいほうが、脚が長く見えます。

スキニーは一番難しいですね。スキニーを生かしたコーデ自体は組めないことはないんですが、「このコーデはスキニーがマストだ」レベルの納得いくスタイルにはまだ到達できていなくて。着るとしてもワンピースの下に重ね着とかですね。

♥立っているときは少し緩いくらいに

パンツの場合、立っていてジャストサイズだとしても、座ると股やももに食い込んで苦しくなることがあるんです。立っているときは少し緩いくらいのほうが動きやすい。ぴったりサイズだと、しゃがんだときに「うっ」と締め付けられるようなはき心地だったりするので。ストレッチ性も大事です。

好きな生地感は、サラサラしているもの。A HAPPY MARILYNで出しているガウチヨパンツは、はき心地がすごくいいんですよ。ルームウェアで使われていそうな、柔らかくて薄手の素材です。A HAPPY MARILYNは着やせやキレイ見せに特化していて、タックの位置を上げて脚を長く見せる効果を出したり、ぽっちゃりさんにとってうれしい要素を結構入れてくれています。それなのにお値段は本当にお手頃なので、ぽっちゃりさんはみんな買ったほうがいい……というか、私が紹介しなくても買っているんじゃないかな。

ちなみにちょっと話がそれますが、A HAPPY MARILYNは着ぶくれ対策も考えてくれるんですよ。冬場はどうしても着ぶくれしちゃって、コーデでの引き算が難しい。薄着だと寒いし、着込めば全体的に大きくなっちゃう。どっちを取るかが悩みなんですけど、薄手のガウチョでも裏起毛になっていたりと、そういう気遣いがありがたいですね。

♥シアー系アイテムで軽やかに！

パンツを主体にしてコーデを組むときは、上にレース素材の透けたキャミワンピを着たりしています。布感がしっかりしたスカートやワンピースを重ねるより、シアーアイテムを入れたほうが、スタイルがよく見えるんじゃないかな。体型って、隠しすぎても太って見える気がするんです。ほどよい抜け感とか透け感とかでアクセントを入れるのは大切。だから最近は手持ちにレースやチュールの透け系アイテムを、あえて増やしています。そういうワンピースは完全にレイヤードコーデ用で、パンツにもスカートにも合わせています。異素材を入れてあげるとそっちに目が行くので、透けていても気になる部分を隠せるというか。あさぎーにょさんのチュールアイテムの着こなしを参考にしながら、私なりにぽっちゃりにも流用できるスタイルにしたいと思い、透け系アイテムを探しました。

♥気に入ったアイテムはイロチで持つ！

同じ服の色違い、いわゆる〝イロチ〟をそろえる人、いますよね。私の場合、トップスはほぼないですが、ボトムスは結構あります。去年ハマったデニムスカートは、同じタイプの黒っぽいものとブルーの2色を買いました。

色違いのアイテムを持つメリットは、コーデの幅が変わるんですよ、同じものなのに。黒っぽいデニムスカートだと秋冬でも合わせやすいし、真っ青のほうは夏に合わせやすくていい。トップスでも変化がついて、ポップなトップスだったらブルーのデニムスカートのほうが可愛い。こうやって遊べるのが、いいですよね。

ぽっちゃりさんが着心地のいいボトムスを見つけるのは大変だったりするじゃないですか。私が買うアイテムはトップスよりボトムスのほうがお高いですけど、それでも気にせず2色買っちゃったりします。ボトムスは長く着られるものを見つけるほうが、結局お得だなって思います。

最強はＡ ＨＡＰＰＹ ＭＡＲＩＬＹＮのスキニー

最強パンツを選ぶなら、個人的に「苦手なアイテムだな」と思っていたのに感動したＡ ＨＡＰＰＹ ＭＡＲＩＬＹＮのスキニー。伸びがすごくてはきやすく、見た目はちゃんとスキニーなんです。商品名は「魔法のスキニー」だったと思うんですけど、着心地が本当に良くて、名前に偽りなしでした。

しかも丈の長さまで選べるんです！　これもまた、低身長の私にはうれしくて。夏・冬の各シーズンで同じモデルがあるからコーデも楽だし、冬用アイテムは裏起毛になっているし、お値段も基本は３０００円以下とお安め。主婦の方や子育て中の方って、座ったり立ったりする動きが多いじゃないですか。そういう仕草の多いぽっちゃりさんにも、オススメできるスキニーです。機能性が高いのに、おしゃれ感のある色をちゃんと用意してくださっているので、最強ですね。

ワンピースはボディーラインを拾わないもの

形としては、下腹の残像が見えないものがいいですね。体のラインが出るワンピースは可愛いですけど、下腹がポコッとなりすぎると妊婦さんと間違えられて電車で席を譲られちゃう……。腰から下が広がっているAラインのワンピースは、キレイに見えやすいかなと。生地が薄めのものを選ぶと落ち感が出るし、着心地もいいです。

ワンピースもウエストゴムは重要。そこにゴムが入っているかどうかで、座ったときの苦しさが違います。

ベルトもよく使います。シャツワンピなどはそのままだとストーンとなりすぎてしまうので、ベルトで締めたほうがキレイ。丈が長すぎるワンピースを買ってしまったときも、ベルトでウエストの部分をちょっと持ち上げてたゆませることで、丈を短くして調節します。あるあるとも言える「プラスサイズのものは丈が長め問題」。しかもワンピースって、一番調整しづらいんです。スカートはウエストを折ったり、ズボンは裾をまくり上げたり、切ってしまえばなんとかなりますが……ワンピースは使いやすいベルトが1本あると、コーデの幅が広がります。

♥長めだけど長すぎない丈がいい

ワンピースは、長めの丈が好きです。もちろん、デザインにもよるんですけど。長めだけど前は少し短い丈になっていたり、そういうアンバランスなものも好きです。ただ長い丈を着ると……まぁこれは低身長以外の人もなるとは思いますが、階段や段差のあるところを下りるときにスカートを引きずってしまうんですよね。あれがイヤで。たまに踏んづけちゃうし、雨の日は裾がビショビショになっちゃうし。その意味でもほどほどの長さで、ひらっとしたときに足首が見えるくらいが好みです。

♥ニットワンピは大きめをチョイス

ウエストで切り替えのあるデザインのワンピースは、スタイルがよく見えます。例えば、ウエストに絞りがついてるドロストワンピースとか。全部一直線でストーンとなっているものよりは、視覚的に少しでもウエストが絞られているほうがいい。特に低身長の私は、メリハリがないと本当にストーンと見えちゃうので。

ニットワンピースも好きです。あまりタイトすぎると下腹の残像が出てきてしまうので、サイズ感はゆとりのあるものを選びます。実サイズよりちょっと大きめのものを、例えば普段は３Ｌを着ていたら、４Ｌや５Ｌにしています。ニットは着ぶくれしやすいので、黒や寒色のダークトーンを選んで、手首や足首を見せるとキレイに着こなせます。

去年は、ジャージワンピースに可愛いものが多かったなという印象があって。私は仕事に行くときは毎回お決まりのジャージワンピースです。ジャージワンピって、楽なのにこじゃれ感が出るんですよね。スポーティーにしたいとき、普通の上下ジャージだと私はただの〝スポーツするおじさん〟になってしまいます。でもワンピースなら可愛さが入るので、ありがたいアイテム。サイズ感的にぽっちゃりさんも手を出しやすいものが多いんです。ジャージの生地自体に伸縮性があるから、着心地もいいですしね。

♥ プラスアイテムでコーデにバリエーションを

ワンピース自体がそれ単体で着られるというか、デザイン的に形になっているものが多いので、プラスアイテムで差をつけていきます。ワンピースをメインでバンッと見せたいので、差し色アイテムとしてバッグを使ったり、靴とバッグのバランスを考えたり。

ワンピースに合わせる靴は、カジュアルが好きなのでスニーカーとか、ブーツかな。去年の夏は、キラキラしたシルバーの厚底サンダルが活躍しました。存在感のある靴をいくつか持っていると、足元で印象を変えられるので便利です。

合わせるアクセサリーは、大ぶりのイヤリングをワンポイントで使うことが多いですね。顔周りに変化をつけられるので、効果バツグン。ワンピースを1枚で見せるように、つけるイヤリングで雰囲気がガラッと変わります。

デニムアイテムでトレンド感を！

これまでに買って良かったワンピは、前が全部ファスナーになっているGUのデニムワンピース。デニム素材の服って、ほしいんだけど生地が硬いものも多くて、着るとたいてい「あー、失敗した」とか「体型にフィットしなかったな」など、何かしら問題が出てきていたんです。ところがこのデニムワンピはよく伸びる生地で、大活躍してくれました。今っぽいし、可愛いんですよね。デートのときにボレロと合わせたんですけど、このボレロもお気に入りのアイテムで、個人的に大満足のコーデです。

第4章

アウター・靴・下着……悩みの多いアイテムたち

アウターの〝おじみ〟をどうする？

ぽっちゃりさんがアウターを着ると、ものによってはおじさんに見えるというか、〝おじみ〟が出てしまう！　私が特におじみが出たのは、チェックのブラウンジャケット。もの自体はお気に入りなのに、どうしても大御所トレンディ俳優みたいな風体になってしまう。試着時は「まあ、悪くないか」と思ったのに、街でショーウィンドウに映る自分を見たら、「あれっ、小さいおじさんが歩いてる！」。くすみカラーの多いトレンチコートも難しいですよね。

カジュアル好きの私ですが、アウターを選ぶときは女性らしいデザインのコートを選ぶようにしています。ノーカラーのコートを一時期よく着ていました。最近活躍しているのは、「銀河鉄道９９９」のメーテルみたいな黒のコート。中の色を選ばず全部まとめてくれるし、体がスッキリ見えます。冬はイルミネーションを見に行くデートが大好きで、そういうときはキレイめで大人っぽいこのコートの出番です。

インナーとのバランスで着ぶくれを抑える

アウターは着ぶくれしてしまってボーンと大きくなっちゃうので、インナーとのバランスが重要。中も外も厚めだとどんどんでかくなってしまうので、どちらかを引くようにしています。コートを着るなら中のニットをモコモコじゃなく、スッキリとしたものにしたり。

防寒で一番優れているアウターはダウンジャケットだと理解はしているんですが、どうしても全体的に大きく見えちゃう。電車で座ると幅を取って申し訳ない気持ちになるし、車内は暖房がついているから暑くなるし。でも最近は、冬の中でも本当に寒い時期って、一瞬で過ぎるような気がしません？　急激に寒くなって、急激に暖かくなる印象が強いです。

だから私は冬の一番寒い時期も、ライダースジャケットで乗り切ることが多いです。代わりにインナーを厚めのものにしたり、マフラーなどで防寒対策をします。マフラーは顔周りに明るい色を持ってこられるので、〝おじみ〟対策にもすごく便利。ちょっと寒さが抜けてきた春は、明るい色のデニムジャケット。オーバーサイズで、羽織っぽく着られるカーディガンも好きですね。寒い時期はカイロやあったかインナーなど文明の利器にガンガン頼って、しのいでいきましょう！

♥スニーカーは白のコンバースが一推し

以前は付き合っていた人の影響でストリート系のファッションをしていたので、ごつい靴を好んで履いていました。NIKEのハイテク系とかをよく履いていたんですけど、徐々にカジュアル可愛いファッションを好むようになって。それを機に、靴も結構替えました。やっぱり低身長で体も丸いと、ごつすぎる靴はバランスが取りづらく、胸・お腹・足がボン・ボン・ボンと3段階で膨らんでいる感じに見えちゃうなと。足元はスッキリさせたほうが、バランスがキレイに見える気がしました。

低身長さんなら、厚底の靴をやっぱり履きたいですよね。スニーカーでもつま先にかけて少し細くなっているデザインだと、ゴツくならずにスッキリ見える気がします。好みだとは思いますが、足首を見せるほうが、少しでも背が高く見せられる気がするので、私はハイカットよりはローカットを選びますね。

足元は白で抜け感を出したほうが、コーデが明るくなります。コンバースの白いベーシックなスニーカーは、どんなアイテムにでも合わせやすくて重宝しています。特に夏場はトップスに白を持ってくることが多いので、足元もそろえると決まりやすい。靴と洋服のどれかを同じ色にすると、バランスよく見えます。

その他のお気に入りは、今はもう売っていないんですが、オニツカタイガーの厚底のスリッポンタイプ。スリッポンはやっぱり、脱ぎ履きが楽なんですよ。〝ぽっちゃりさんあるある〟ですが、靴紐をかがんで結ぶのはしんどい。街中でほどけたとき、片足立ちとかもできないので大変なんです。その意味でもスリッポンタイプは、とにかく楽。カッコいい感じなので、クール系ファッションのときに履いていますね。

♥サンダルは冒険してもいい

バッグとサンダルに1点ずつシルバーのものを持っておくと、特に夏場はどんなコーデでも締まります。白いTシャツに色物のスカート、そこにバッグと靴のシルバーで合計3色。コーデって3色以内に収めるとキレイに見えるので、夏はこのコンビがめちゃくちゃ活躍しましたね。

ぽっちゃりさんって足幅が普通より平べったかったり、大きめの人が多い。そういう人にオススメなのが、ORiental TRafficのサンダル。デカくて、リーズナブル。サンダルって結構壊れがちだし、年間通して履くものではないから、入手しやすいお値段のほうがありがたい。あと、ぽっちゃりさんは細いヒールを履くと「折れるんじゃないか」という不安感が常にありますよね。ORiental TRafficのサンダルは、ヒールがしっかりしているものが多いんです。ヒールがあるなら安定しやすい太めのもの、もしくは全ソール厚底のものがぽっちゃり低身長さんにはいいと思います。

大人女子は、ストラップが細くてちょっと足の肌の露出が多いサンダルのほうがキレイだなと思います。カジュアル系なら、グルカサンダルを合わせるのもいいですね。

サンダルはちょっと派手めの色やパイソン柄を持ってきたりと、冒険してみても楽しいです。夏のコーデはTシャツをベースにしたりシンプルなファッションになりがちなので、サンダルなどの小物で強めの柄を使ってアクセントにしていました。去年はピンクにハマってよくTシャツとかを買っていたんですけど、大人のピンクってちょっとハードル高いイメージがありますよね。ピンクのTシャツにカッコいい小物を入れると締まるので、パイソン柄やシルバーのサンダルは使い勝手が良かったです。

♥ブーツは「ストレッチブーツ」を選ぼう！

ロングブーツのふくらはぎ問題で悩んでいるぽっちゃりさん、多いですよね。自分も実際にふくらはぎを測って、そのサイズのブーツを買ったけど入らなかったことがあります。ストレッチ性のないものは、ショートでもロングでもキツいことがある。去年失敗したヒールのショートブーツは、いつも履いているブランドでいつものサイズを買ったんですけど、スポッと履くタイプだったから、全く入らなくてサヨナラしました。特に脚の肉付きがいい人は、ブーツを買う際にストレッチ性があるかどうかをチェック。伸びるブーツはたいてい名前が「ストレッチブーツ」

になっています。

サンダルの項目で出てきたORiental TRafficは、ショートブーツも可愛くてよく履いています。あとGUもショートブーツなら意外とストレッチ性があります。ロングブーツはさすがにキツかったのですが、足首ちょい上くらいのショートブーツをよく使っていました。色は合わせやすい黒と、ちょっと抜け感を出したいときのダークブラウンの2つ持っています。

♥流行のデザインで履きやすかったもの

去年ヘビロテしてたのは、ソールが厚底のスニーカーっぽくて、上がベーシックなローファータイプのもの。上だけ革素材で、ソールはゴムなんです。ローファーはちょっとトラッドになるのですが、ソールがスニーカーのタイプはカジュアル感も出てすごくいい。この靴はスニーカー感覚で履けるので、どんなコーデでも合いました。

最近は厚底のパンプスも流行っていて、パンプスとスニーカーの中間みたいな靴も可愛い。バレエコアシューズを履いている人も多く見かけました。バレエコアは実際履いてみると意外とそんなに甘くない。黒だとローファー感覚で履けるので、カジュアルさを出すのにいいアイテムだと思います。

♥出すところと出さないところを明確にする

ぽっちゃりさんの中には「肌見せはちょっとな……」と思っている人、結構多いですよね。私の中では、肌見せは基準をしっかり設けています。脚はとにかく出したくないので、なるべく隠す。腕も積極的に出したいとは思わないかな。

一方で首周りとかキレイに見える場所は出してあげる。長袖なら袖を少しまくって手首を出してあげるだけで、スッキリ見えやすいです。先にもお伝えしたとおり、首・手首・足首の3つの首は、出すと細見えすると言われていますので。

見せすぎるのもよくないですけど、好きな人とデートするときは少し肌を見せたほうが、相手をドキドキさせます。鎖骨のあたりはアクセサリーを入れるとキレイに見えるので、重要見せポイントですね。ネックレスは、シンプル系をチョイスします。ワンポイントあるかないか、あってもキラッと光る小さなチャームがついているくらいのものをつける。首元にキラッと光るものがあると、目が行くんですよね。鎖骨あたりは女性らしさをアピールしやすいパーツでもあるので、相手が「なんか気になるな」と思うくらいのシンプルなアクセサリーがオススメです。

♥肌見せは清潔感が大事

一言で「肌見せ」と言っても、加減はあると思うんです。多少は見せてセクシーさを感じさせたい、でも見せすぎたら下品になっちゃう。そこの見極めは大事だし、下品にならないためにも清潔感は保ちたいところ。

洋服で清潔感を出したいなら、首周りがデロンとしていないものがいいと思います。かがむと谷間が見えちゃう服などは、だらしなく見えてしまうから。ぽっちゃりさんは胸の大きい人も多いけれど、鎖骨は見えるけど谷間は見せない、そのバランスが大事な気がしますね。谷間は公共の場では見せなくていいと私は思っています。

でも鎖骨は……、まぁそう言いながら私の鎖骨は埋まっているんですけど、そこは見えるくらい開けていても「だらしないな」とは思われないはず。ただインナーが見えてしまったら、やっぱりルーズな印象を与えてしまいます。どうしても見えてしまうようなら、襟ぐりがレースになっている見せる用のインナーとかにするのもいいかも。Vネックが苦手な人なら、襟のところがハートっぽい形になってるハートネックもオススメ。

デコルテのスキンケアは、特別何か塗っているわけではなく、決まった時間貼り終わった顔用のパックを首に貼るくらいです。バストケアの先生が「バストまでは顔だと思いなさい！」とよく言うので、化粧水が余ったら首周りやバストにも塗るようにしたり。デートの日は、スクラブを全身にしたりとか。メイクの観点だとデコルテにちょっとラメを塗るのも可愛いですが、やりすぎると汗が光っているように見えるので、配分は気をつけたいですね。

髪はファッションの一部と捉えるべき

服と髪型は、第一印象における二大要素。清潔感を保つには、髪型も大事。髪の毛を巻くのは面倒ですけど、そのひと手間で印象が変わります。どんなに可愛い服を着ていても、髪がちょっとボサついていると印象が下がっちゃう。髪はファッションの一部と考えたほうが、清潔感は出やすいと思います。

私はものすごくくせ毛で、何もしないとクルックルになってしまうタイプ。ヘアケアで心がけているのは、早く乾かすことと、濡れたまま寝ないこと。昔は濡れたまま寝ちゃって、美容師さんによく怒られていました。

ヘアオイルは、ＲｅＦａのロックオイルを使っています。いい香りで、お気に入り。シャンプーとトリートメントは、美容室のものを使っています。ブリーチしちゃったのですぐチリチリになってしまうから、コンディショナーよりトリートメント派。

まとめ髪も、結構好きですね。私はきちっとまとめるよりは緩いほうが似合うらしいので、巻いて束ねたらおくれ毛を出して抜け感を出すようにしています。

♥見せたくなる遊華のイヤリング

アクセサリーは、イヤリングが大好き。大ぶりなものや揺れるデザインが好きですね。「揺れるイヤリングをつけているとモテる」という逸話があるんですけど、男性は動くものを追いかけるから、揺れるイヤリングをつけている人につい目が行ってしまうという話らしいです。

私が愛用している遊華のアクセサリーのいいところは、パーツが上下で分かれているところ。上と下のセットで売っているんですけど、取り外しができて、他のイヤリングのパーツとくっつけられたりする。気分によって組み合わせが変えられるし、どういうパターンにしてもめっちゃ可愛くて違和感がないんです。「コーデにもうちょっと、こんな色がほしいな」と思ったら、その色のパーツをくっつけてみたり。逆に色を抜きたいときは、単体でもつけられます。つまり、長さも変えられるんですよ。長いのをつけたい気分だったら上下にして、イヤリングは抑えめにしたいときは上のパーツだけでシンプルにできる。好きなようにアレンジできて、本当に使い勝手がいい。しかも全部可愛すぎて、できることなら一度に何個もつけたいくらい！

♥アクセサリーはつけすぎない

アクセサリーのポイントは、「つけすぎないようにすること」が大事。うるさすぎないよう、どこをメインにするかを考えます。私は小顔に見せたいので、大ぶりのイヤリングをポイントにしています。髪型とか服によってはワンポイントのほうが映えることもありますし、逆に服がシンプルなときは派手めなものをつけたり、メリハリをつけるようにしています。

色のバランスは、なるべく洋服のどこかとリンクさせるように意識しています。洋服にシルバーがあるなら、アクセサリーもシルバーのものを選んだり。急に赤がポンと入るのも可愛いですけど、できる限り近しい色合いにするかな。あとはダークカラーのコーデだったら、シルバーやゴールドのアクセサリーでコーデが地味に見えないようにします。

♥ポイントウィッグで完成度UP

使ったことのない人も多いみたいですが、意外と活用できるのがポイントウィッグ。地毛を生かして使えるので、バレにくいところがいい。ウィッグだとバレずにロングヘアにできたり、前髪作ったりとか、簡単にイメチェンできるから楽しいんですよね。

もともと脱毛の治療をしていたときにウィッグをつけていた時期があって、いろいろ調べていたら詳しくなりました。それまでフルウィッグしかつけたことがなかったけど、ポイントウィッグをつけてみたら、後ろ姿がとても盛れたんですよ。私は人生で、自分でキレイなポニーテールを結えたことがないんですよね。人から写真を撮ってもらって自分の後ろ姿を見たら、「こんなに可愛いの!?」と衝撃でした。毛先がクルンとなっていて、憧れがかなった瞬間です。

私が持っているポイントウィッグは、２個。どちらもポニーテールウィッグで、色・長さ・巻きの感じが若干違います。そこは、気分で使い分けていますね。

使うときのコツは、地毛とウィッグの色味を合わせること。ちゃんとトーンを合わせて、あとはしっかり地毛に絡ませるようにセットしてあげると、より自然になります。

♥サイズは目を背けず、ちゃんと測ろう

下着のサイズを測りにお店へ行ったのは、10代後半くらい。それを最後に、ずっと行っていませんでした。でも下着のコラボをさせていただくことになり、そのタイミングで改めてちゃんと

測ってもらったんです。ブラジャーはEカップだと思っていたんですけど、ちゃんと測るとGカップだったという。「全然違うじゃん！」とびっくりでした。

実際、ちゃんと合う下着に替えたら快適なんですよ。それまでは脇の下がずれて痛かったりしたんですが、そういうこともなくなったし。コラボをするにあたり、正しいブラジャーのつけ方と、正しい位置を学ばせてもらったんです。それだけでも大きく変わりましたね。私は本来の位置より、上につけていたみたい。ちゃんとつけると脇肉がしっかりブラに収まって胸が上がるから、バスト周辺がやせて見えるんです。収納すべきところにちゃんと収めてあげることは大事なんだな、と思いましたね。

あと、肩紐の調節もかなり重要。これ、怠りがちですよね。つい「適当な長さで、何とでもなるでしょ」と思っちゃう。食い込まない程度の正しい長さにすると、谷間もバストラインもキレイに見えます。実体験として、サイズを正確に測ることは大切だと思いました。まだ経験したことのない人は、一度でいいからお店で測ってもらってみてください。

下着は楽さを重視しています

サイズに関してはどちらかと言うと、ブラジャーよりショーツのほうが難しい。まず、セット売りは無理です。どちらかが合うとどちらかが小さい、みたいなことがよく起きるのでもう諦めています。バラ売りでそれぞれ買いますが、最近はプラスサイズ専門の下着屋さんが増えていて、5Lや6Lなどのかなり大きいサイズまであり、安心感がすごいんですよ。下着も基本的にネットで買うので、サイズ表をしっかり見たり、モデルさんの写真を見比べながら買っています。

ショーツは股上の深さを気にします。私は残像がボーンと出ているので、ショーツラインが浅くて下腹の下に来ると、食い込んじゃうんです。しっかり残像を包んでくれる深いもののほうが、安心できます。

ブラジャーは、まずアンダーバストがしっかり合っているものじゃないと痛くなるので、そこは躊躇せず。アンダーバストが90センチを超えていたとしても、「このサイズを買うのは恥ずかしい」とか言わず、ちゃんと90センチ以上のものを買います。

♥下着で気分を上げたい！

色は、好きなものを選んでます。多少派手な色だとしても、透けなくなるようなものを着ればいいので。パンツもお尻に下着のボコボコ感が浮き出るよりは、ペチコートパンツをはいたほうがキレイですし。多い色は紫。ラベンダーっぽい、薄紫色が好きです。

下着選びの三大ポイントを挙げるとしたら、つけ心地・デザイン・気分の上がり方かな。やっぱり、気分の上がる下着がほしいんですよね。下着こそ本当に自分のためのものじゃないですか。だから、あまり雑に扱いたくない。おしゃれの一環として可愛いものを選びます。

吸水ショーツはマジでオススメ

ぽっちゃりさんたちに本気でオススメしたいのが吸水ショーツ。私がコラボでお世話になっているｆｒａｎ　ｄｅ　ｌｉｎｇｅｒｉｅに「コンフィッツ」というシリーズがあるんですけど、生理や尿漏れにも対応している吸水ショーツで、これが本当に便利。ノンストレスで過ごせるし、蒸れないのでめちゃくちゃ良くて、これは誰かに勧めたいと。経血量に合わせて厚さを選べたり、使い方は自分次第。私は蒸れがすごくイヤなので、生理の終わりかけの「いつ終わるかわかんないな、でもナプキンをずっとつけているのもしんどいな」という時期に使うんですが、助かっています。

第5章

YouTubeのおしゃれ配信とお悩み相談

ファッションセンスで共感を得てうれしかった

ＹｏｕＴｕｂｅでファッションに関する配信を始めたきっかけは、配信の企画を相談していたときに、ＹｏｕＴｕｂｅで流行っていた「1週間コーデ紹介」をやってみようか、という話になったんです。意外なことに、その反響がすごく良くて。今までは自分のためにおしゃれしてきたけど、それを動画にしたら多くの人が「そのコーデ、可愛い」「餅田さんが選ぶ服のセンスが好き」と共感してくださって、うれしかったんですよね。

正直、ファッションセンスはそんなにないと思ってました。でも、ほとんどの人がそう感じていると思うんですよね。自信満々で服を選べる人って、本当にいろいろと勉強している人じゃない限り、そんなにいないんじゃないかな。私もそこまで追求できていないと思っていたので、「餅田さんのセンスが好き」と言ってもらえたことがめっちゃうれしかったんです。しかも同じような体型の子や、同性の人からそう言ってもらえるのは、とっても幸せだなって。「餅田さんが紹介したこのアイテム、私も真似して買います」と言われるのも、すごくうれしいです。

♥ぽっちゃり低身長さんの指針になれたら

おしゃれの配信で気づいたことは、私と同じくぽっちゃりしていて低身長の人がたくさん悩んでいること。もちろん高身長の人も悩んでいると思うんですけど、私の配信を見てくれる人は同じような体型の人が多いのかな。大きめのサイズになると、ズボンやワンピースの丈がちょっと長い。横が大きくなると丈も比例してどんどん長くなっちゃうなど、〝低身長ぽっちゃりさん〟共通の悩みを持つ人が多いことにびっくりしました。

ぽっちゃり専門店のサイトはもちろんぽっちゃりモデルさんを起用していますが、身長が大きかったり、足は細かったりと、着映えする方が多いんですよね。だから同じパンツを買っても、自分がはくと何か違う。

私自身、「小さめぽっちゃりのモデルさんがいてくれたらいいのにな」と思うことが結構あるんですよ。だからそれに自分がなろうと、動画を作っています。「いろんな人の参考になるなら自分があえて経験しよう」「はけなくても、着られなくてもいいから、とにかく一度は袖を通してみよう」と。だから最近はチャレンジ系の動画にちょっとシフトしています。やっぱり参考になるのか、反響はとても大きいです。中でも「今超人気のバレルレッグジーンズが入るのかガチ検証」はという動画は本当にすごかったです。結局はけなかったバレルレッグジーンズをプレゼントにしたんですが、インスタのDMに応募がいっぱいきました。おしゃれ好きな子はこんなにいっぱいいるんだ、これほどたくさんの人が見てくれているんだと実感できて、すごくうれしかったですね。GUのロングブーツを履いてみる企画も、自分が買おうか悩んでレビューをあちこち見たんですけど、私くらい足が太い人のレビューがなくて。同じく悩んでいる人にとっての指針的存在になれたらいいなって。ゆくゆくは自分が服をプロデュースしたいし、そのときは低身長さん向けのブランドを作りたいですね。

♥GUの3XLは試着できないからこそ動画の反響が大きい

反響が最も大きかった動画は、GUの購入品紹介でした。私たちが着たい3XLサイズはネットでしか売っていないので、試着できないからこそレビューしている人がいると助かるのでしょう。買ってみないとわからないけど、失敗はしたくない。GUはお安いとはいえ、4~5000円を無駄にするのはお財布的になかなかつらいです。それに、「これが着たい」「これ、可愛い!」と思って買ったのに、サイズが合わないのはやっぱり悲しい。みんな、そういう経験を何度もしているから、再生回数が伸びるのかもしれません。

試着をしながら「こういうふうに着たら可愛いかも」「ああいうアイテムと合わせたら良さそう」と、コーデを考えた一言を添えているのは、「餅田のセンスが好き」と言ってくれる人に対してのメッセージだったりもします。買った服に対して「これでコーデを組んでほしい」というコメントをいただいたりするので、ヒントになりそうなことはその場で言葉にして、誰かの参考になったらいいなって。自分の中でも「こういう服は、こう着たい」という理想は常にありますが、実現したくてもかなわないコーデだったりすることもあります。でも、言葉にするのはタダじゃないですか。「こういうコーデを組んだら、ステキだと思うよ!」という提案のつもりで伝えています。

GUの動画に関しては、ぽっちゃりさんじゃない方も見てくれていますね。GUのアイテムをまとめていろいろ見られるのが、いいみたい。着たときにどういう感じになるのか、素材感やひらみとか、そういうこともわかるので。だからこそ見てくれる対象を限定せず、マネキンのつもりでレビューしています。

♥その人のコンプレックスを他人が決めないでほしい

ファッション以外だと、脱毛の動画はすごく反響がありました。私と同じような体型の子の中には、脱毛へ行くことに対して戸惑っている人がいるんです。「こんな体型で行っていいのかな」「やせてない自分が行くのはどうなんだろう……」みたいなコメントもありました。私は、最初はタイアップ案件で行かせていただいたんですけど、そのあとは自ら契約して通っています。引け目はまったく感じていません。施術している方にとっては、いわば作業ですしね。自分はちゃんと料金を払っているし、結果的に「普通だったよ、大丈夫」というレビューをしたら、多くの人から「私もそこに行ってみよう」「餅田さんがそう言うなら安心」との反響をいただいて。

一方で、「こんな体型で行っちゃダメですかね」とお悩みを寄せているコメントに対して、他者がマイナスのコメントをつけたりしているのを見ると、いい気分はしません。私の視聴者さんに対して「やせてないのに、そこに金をかけるのは意味がわかりません」とか書かれると、「そんなの、関係なくない!?」と思います。どこにお金をかけるかという優先順位は、人によって違います。脱毛して、美意識が目覚める人だっているかもしれないわけで。「せっかくだしやせたいな」と思ったのならやせればいいし、今の体型が嫌いじゃないなら現状のままで身綺麗にすることも大切じゃないですか。そう思えること自体が、ステキなのに。そういう人に対して、こんなことを言うんだ……と悲しくなりました。ネイルも同様「〝太ってるからやっちゃダメ〟とか、そういうことなんてないよ。こっちはちゃんと、対価を払ってるんで!」と言いたくなります。特にぽっちゃりさんは手がチャームポイントになることも多いので、指先をキラキラさせて可愛くするのは大いにアリだと思います。

本人のコンプレックスがどこにあるかを、他人が決めないでほしいです。今って、人が人に厳しすぎる。おしゃれはどこからスタートしてもいいし、それで自分を好きになれるならどこでやめてもいい。私は自分を肯定したいし、私の動画を見ている人にも自分を肯定してもらいたい。そういう動画を作りたいんですよね。

♥コーデ動画で自分を客観的に見られる

コーデ動画の撮影は、大変なんですよ！　着替えて、見せて、また着替えて……の繰り返しなので。大変ですけど、みんなからの反響が大きいのもあるし、自分でも発見があるから、本当に撮りがいがあります。動画を撮ると、自らを客観的に見ることができます。「ここをこうしたら、もっと可愛くなるな」とか「自分はやっぱりこの色が似合うな」という確認作業になる。シーズンごとにやりたいと思う企画ですね。

1週間コーデとか、デートコーデを組むのは大好きです。コーデを組むこと自体が好きで、彼氏のコーデも私がよく組んでいるくらい。スタイリスト気質というほどのものじゃないですが、自分の中での理想があるから。

下着ブランド

fran de lingerie との コラボレーション

'23 年に初めて、 fran de lingerie とコラボさせていただきました。 もともと好きで愛用していたので、 決まったときはめっちゃうれしかったです。

一番こだわった点は、 つけ心地です。 下着って長時間つけていなきゃいけないじゃないですか。 社員さんたちと悩みを共有しながら詰めていきました。本当に、数ミリ単位で直してもらっているんですよ。 その数ミリで、 快適さが全然変わるので。

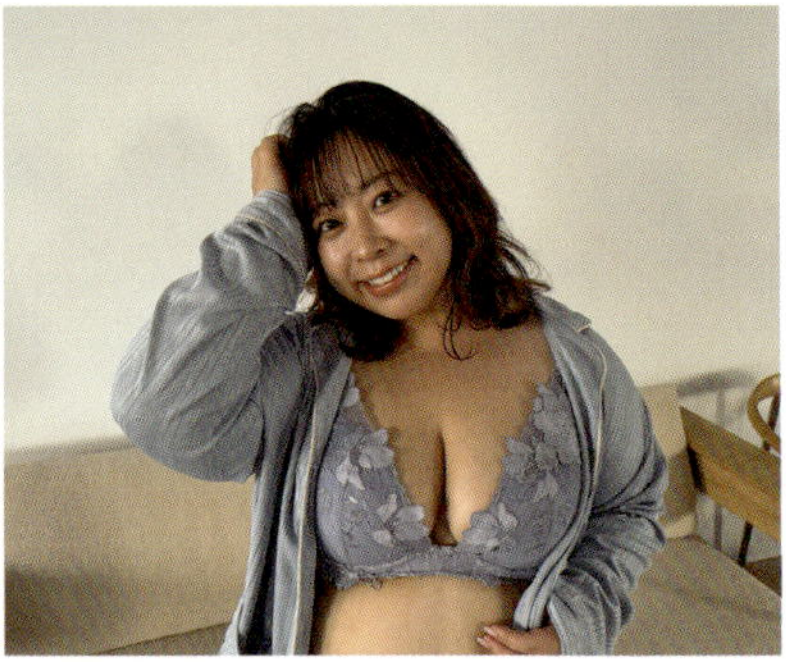

スタイリスト
木下枝美さんに
相談！

もちだのお悩みアイテム
着こなしコーデ

私がなかなか
うまく着こなせなかったり、
ほしいけど着られるサイズが
見つけられない…
というお悩みアイテムについて
雑誌『la farfa』でもお世話になった
スタイリスト木下枝美さんに
相談してみました！

JACKET STYLE

DATA

- **ダブルテーラードジャケット**
  ニッセン　サイズ：4L
- **チュールビスチェアンサンブルトップス**
  A HAPPY MARILYN
  サイズ：3L～4L
- **バックスリットロングスカート**
  PUNYUS　サイズ：4
- **イヤリング、ポーチ、チャーム**
  全てラティス
- **ソックス**
  FUN by FUKUSKE（福助）
- **ローカットスニーカー**
  本人私物

お悩み

ジャケットを着ると おじさんっぽくなってしまう……

スタイリスト

木下枝美さん

流行中のジャケットは、シングルよりダブルがトレンドです。今っぽいゴールドのボタンに、餅田さんに似合うパステルカラーのダブルジャケット。ジャケットは色が濃くて長いと面積を占有してドーンと見えちゃうので色か丈のどちらかで軽さを出せるとおじさんにならないと思いますよ。

こんなアイテムもおすすめ!

ショート丈ジャケット
PUNYUS

ショート丈ジャケット
PUNYUS

ジャケットを着ると生まれる“おじみ”が全然なく、むしろ女性らしくて可愛い！ ボトムが黒なので、ジャケットがパステルカラーでもまとまります。ジャケットにスニーカーの崩し感、いいですね。

PANTS STYLE

DATA

- **Gジャン**
  PUNYUS　サイズ：2
- **ショート丈スウェットトップス**
  PUNYUS　サイズ：3
- **カーゴパンツ**
  Re-J&SUPURE　サイズ：3L
- **イヤリング**
  ラティス
- **ネックレス**
  SHEIN
- **ソックス**
  満足（福助）
- **ボリュームソールスニーカー**
  ORTR（ダブルエー）

お悩み

ウエストに合わせるとズボンの丈が長くなっちゃう

スタイリスト

木下枝美さん

裾を締めることでだぶっとしたシルエットをあえて出すパラシュートパンツは、近年流行中。ボトムスの色は明るめで、トップスにオーバーサイズのデニムを合わせました。インナーは丈が長いとバランスが崩れてしまうので、クロップド丈のトレーナーでスタイルアップ。

こんなアイテムもおすすめ！

サイドリボンフレアデニムパンツ
Re-J&SUPURE

ワイドカーブパンツ
A HAPPY MARILYN

裾やウエストで丈の長さを調整！

裾が好きに絞れて、低身長さんもチャレンジしやすいアイテムですね。白パンツはハードル高いんですけど、はきやすい。サイドポケットのリボンが女性らしさもあって、これは1点持っておきたい！

BLACK STYLE

DATA

- **ショート丈ジャージトップス**
  PUNYUS　サイズ：4
- **レースティアードキャミワンピース**
  marun（スマイルランド）
  サイズ：4L
- **クルーネックロンT**
  n' OrLABEL（osharewalker）
  サイズ：LL
- **デニムワイドパンツ**
  A HAPPY MARILYN
  サイズ：60丈／6L
- **ベルト**
  クレット
- **イヤリング**
  ラティス
- **ネックレス**
  WEGO
- **フリンジバッグ**
  SHEIN
- **（靴に付けた）リボンチャーム**
  スピンズ
- **厚底ラインスニーカー**
  la farfa SHOES

お悩み

カッコいい黒系コーデに憧れるけど似合わない…

スタイリスト

木下枝美さん

全身を黒一色でまとめると“塊感”が出てしまいます。うまく白を入れたり、アウターをクロップド丈にしたり、抜け感を出すことが大切。今回はアウターをスカジャン風ジャージにして、餅田さん好みのスポーティー要素を入れました。中のシアーキャミワンピで甘さをプラス。

こんなアイテムもおすすめ！

2つアイテム重ねてます

チュール切り替えベスト
Smile Land
ロゴ刺しゅうカットソー
Re-J&SUPURE

チュール付きミニワンピース
クレット

ヤバいです、またおしゃれが好きになってしまうコーデ。強めなジャージにチュールを入れることで甘さが加わるし、何よりこのブラックデニムが、「こんなに丈ぴったりなデニムがあるんだ」と感動！

BOOTS STYLE

DATA

- **チュールドッキングロゴプルオーバートップス**
  Re-J&SUPURE　サイズ：4L
- **ショートパンツ**
  miclat（スマイルランド）　サイズ：5L
- **ニットキャップ**
  本人私物
- **イヤリング**
  ラティス
- **ショルダーバッグ**
  WEGO
- **超ゆったり低ヒールロングブーツ**
  la farfa SHOES　サイズ：24.5㎝

お悩み

ロングブーツを履きたいけど脚は出したくない！

スタイリスト

木下枝美さん

餅田さんがあまり得意じゃないというロングブーツのコーデも、ショートパンツと合わせると可愛いと思います。ロングブーツの履き口とパンツの裾を合わせることで脚を隠し、それでも抵抗感がある人は下がシアー素材のドッキングワンピースでカモフラージュ。

こんなアイテムもおすすめ！

ヒールロングブーツ
la farfa SHOES

ブーツはストレッチ性のある素材を選んでね！

DATA

- **ショート丈ニットカーディガン**
  クレット　サイズ：4L
- **ショートパンツ**
  miclat（スマイルランド）　サイズ：5L
- **イヤリング**
  本人私物
- **ストーム付きストレッチロングブーツ**
  ニッセン　サイズ：LL（25～25.5㎝）

もう、びっくり！　ロングブーツを合わせると、苦手なショートパンツも子供っぽくならないんですね。さらに、下半身にチュールを重ねてカバー！　ニットキャップもカジュアルさが出ていいですね。

LEG ITEMS

DATA

- **ロゴ入りダメージ加工セーター**
  スピンズ
  サイズ：フリーサイズ
- **デニムシャツ**
  LAVEANGE　サイズ：3L
- **シャーリングチェック柄スカート**
  クレット　サイズ：4L
- **80デニールタイツ**
  momoske（福助）
  サイズ：5L～6L
- **ローファー**
  la farfa SHOES

お悩み

サイズの合うカラフルな靴下やタイツがない……

スタイリスト

木下枝美さん

福助さんから出ている『momoske』というシリーズのカラータイツが3~4Lと5~6Lがあり、定番色から限定色まで、カラーバリエーションも豊富でオススメです！

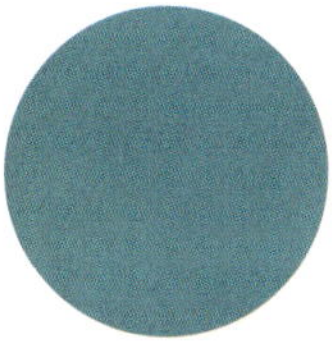

ディープレイク

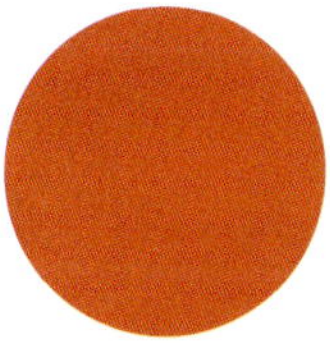

サフラン

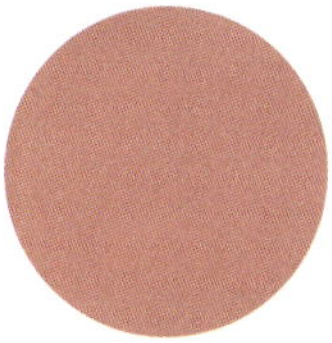

スモーキーベリー

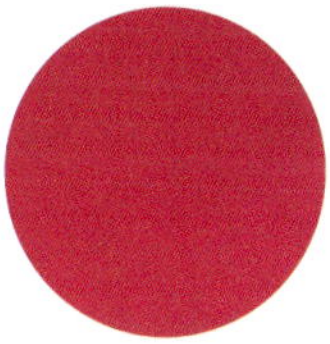

ラズベリー

ダークワイン

タイツを履くときは破れないよう気を使いますが、『momoske』はよく伸びて動きやすいし柔らかい。タイツ独特の“履いてる”感覚が気にならずストレスフリー。カラーバリエが多いのもいいですね。

FORMAL STYLE

DATA

- **フラワーレースキャミワンピース**
  クレット　サイズ：4L
- **メロウリブトップス**
  A HAPPY MARILYN
  サイズ：5L～6L
- **イヤリング**
  本人私物
- **跳べるパンプス メタリックラインヒール**
  ORiental TRaffic
  （ダブルエー）
  サイズ：39（24.5cm）

お悩み

フォーマルでも使えるパンプスが知りたい！

スタイリスト

木下枝美さん

パンプスやヒールのある靴は、 前が詰まってしまって足が痛くなったりしやすいので、 靴底のクッション性が高いものを選びましょう。手持ちの靴にクッションタイプの中敷きを敷くのもありですね。

跳べるパンプス
ミドルヒール
ORiental TRaffic
（ダブルエー）

2WAYバックル
メリージェーン
la farfa SHOES

アンクル
ストラップパンプス
la farfa SHOES

バレエパンプス
la farfa SHOES

不思議なくらい、足が楽ちん！ 普通はサイドが痛くなりますが、全く痛くない。 まあまあ細いヒールなのに、安定感があります。先が細くなっているシルエットなので、 シュッと見えますね。

もちだの Favorite Items

EARRINGS

01

遊華のイヤリング

遊華のアクセサリーは透け感があるけどカラフルなものが多く、ワクワクが詰まっています。長時間つけていても耳が痛くならないようにこだわっているそうです。

DENIM JACKET

02

デニムジャケット

デニムジャケット大好き! 結構整理したつもりだけどクローゼットにはつねに3~4枚デニムジャケットがあります。特にパープルのジャケットは5~6年前に購入し、今もずっと着ています。

03

ネイル

NAILS

ネイルは気分が上がるので、ほぼ毎月変えています。通っているネイリストさんが要望に応えてくれるのでありがたい。ゴリゴリにパーツがついているのが好き。生活のしづらさはいったん忘れます!

特別企画

“もちだ”と“もちもちダチ”のお悩みトーク

YouTube
「餅田コシヒカリチャンネル」の
コミュニティで
“もちダチ”のみなさんに、
ぽっちゃりさんならではのお悩みや
あるあるエピソードを募集しました！
どれもこれも、「わかる～！」
というものばかり。

みなさんのお悩みに答えます！

YouTubeのコメント欄でお悩みを募集したところ、たくさん投稿していただきました。どれもこれも、「わかる〜！」というものばかり。多いお悩みはできるだけこの本で伝わるように書いてきましたが、他に気になったものも私なりのメッセージ、お伝えしていきますね。

❶ネットで買うと、モデル着用の画像と自分が着たときのギャップが大きすぎてショックを受けます。

めっちゃ、わかります。「全然イメージ違うじゃん」ということ、よくあります。アイテムはもう変えられないから、他のアイテムとの組み合わせで自分に似合うようにするしかない。私もたまに、買ってみて「ヤベ、思ったよりもテイストが若い、可愛すぎたかも」とかあります。そういうときは他のアイテムでカジュアルダウンさせたり、落ち着かせてみたりすると、意外と着られます。いろんなアイテムとの組み合わせを考えてみてください。

❷お腹が出てるから、目立たないような服を選ぶのが大変。

スカートはどうしても残像が出てきてしまうので、それはもうしょうがない、出るものとして考えます。その分、トップスで隠しましょう。ただぽっちゃりブランドさんのスカートだと、そうなることが少ないように作られてるんですよ。お腹周りが太めに作られていて、フィットしないようにちゃんと上を覆うようなスカートになっていたりするので、探してみるといいかなと思います。生地の薄いものやニット素材はボディーラインが出やすいので避けます。今年、トレンドに「バルーンスカート」が注目されていて、ショート丈のバルーンスカートをズボンに重ねてはくスタイルは体型カバーもできて、おしゃれでオススメです！

あと私のフォロワーさんが、コルセットをオススメしてました。タイトスカートをハイウエストで着たいとか、お腹を覆いたくないというときは、コルセットをつけるとちょっと平面っぽくストンとなって、ポッコリに見えづらいそうです。

❸肩や二の腕が大きくて逆三角形になってしまい、服を着ても可愛くないのが悩みです。

ねー、わかるー！　私の場合、肩幅はないんですけど、二の腕にしっかりとした厚みがあるので、全部がでかく見える。去年、ニットを何着か買ったんですけど、ゆるっと可愛く着たかったのに、着てみたら自分の厚みにニットがかぶさって、より大きく見えちゃったんです。

肩周りは袖の形に気をつけるといいと思います。肩幅広めさんは、Tシャツはラグランスリーブ！　肩の存在感が消えます！　Vネックなど首周りが大きく開いているものもGOODです。あと袖がバルーンやチューリップスリーブだと重心が下に行くので、肩幅や二の腕の太さが目立ちづらくなります。パフスリーブだとより肩幅が広く見えるので、気をつけて！　私も何度も失敗しています。やっぱり素材が厚手だと、しっかり大きく見えちゃいます。個人的にオススメなのは、薄手の黒デニム。デニムって結構パキッと見えるし、黒はシュッと見せるのでいいですよ。

④パーティードレスや喪服など、サイズがなさすぎて泣きました。冠婚葬祭や婚活に使うスーツや、キレイめワンピースとかハイヒールが皆無です。

行事ごとや式典用のファッションを「オケージョン」と言うんですが、A HAPPY MARILYNのサイトで、「オケージョン」で検索するといろいろ出てきますよ。頻繁に使うものではないけどちゃんとはしていたいし、出番が多いわけじゃないから正直高いものは買いたくないじゃないですか。おまけに、急に必要になったりしますし。そういうときにA HAPPY MARILYNのオケージョン関係はめちゃくちゃ良くて、ジャケットは機能性があるしキレイ見せ効果もあり、それなのに安い。ジャケットだけだと3〜4000円とかで買えちゃったり、セットアップでも8000円以内で収められたりします。キレイめワンピースで言えば、LAVEANGEも品ぞろえが豊富です。

ハイヒールは先述したORiental TRafficで探すのもいいですし、GUのマシュマロパンプスはめっちゃ履きやすいです。ほどよくヒールがあって、インソールは名前の通りモチモチしています。歩いていてパカパカしないし、本当に安い。3000円以内で買えるんです。高い靴って、合わないとショックじゃないですか。「結構な金額を払ったんだから」とどうしても履きたくて、無理やり履いてただただ足を傷つけるだけになったりも。マシュマロパンプスはお安い上に、私には本当に履きやすかったです。

⑤年相応の服が難しいです。

そんなに年齢を意識しなくてもいいんじゃないかなと、私は思っています。年齢に合うかよりも、自分に似合うかどうかを優先したほうがいいです。自分がそれを似合わないとするなら違うし、自分が似合うと思うなら、たとえ周りが「違う」と思おうが似合っているんです。年相応かを考えるよりは、「私に合うか」を基準に選んだほうが魅力的に見えると思いますね。

どうしても年齢が気になるなら、小物で大人っぽさを演出してみるのはどうでしょう。ポップなピンクやイエローを着るときに、シルバー、ゴールドのアクセサリーやスカーフ、革のバッグなど大人っぽいアイテムを取り入れてみる。どんなアイテムでも、自分なりの着方はあると思います。だから自分が一番似合うと思う服を選べば、それが年相応だと思います。

私自身、似合うものと好きなものにギャップがあります。基本は似合う服を目指して買って、ちょっとしたアイテムに理想を取り入れるんです。服でうまく着られないテイストはバッグや小物で取り入れています。

❻股用のマチがついたストッキングが、上がらないことがあります。「大きいサイズさんのために作りました」と言われても、マチがついていると太もも辺りで詰まってはけない。無理やり上げたら破れて、廃棄になりました。

私は相当足が太いので、合うストッキングを探すのは本当に難しくて、はけたとしても動けないとか、硬すぎてつらいとか。個人的にですが、店舗で買うのは無理だなと思っています。店舗の品ぞろえに自分に合うサイズはさすがにないから、ネットで買っています。ネットで売っているぽっちゃりさん向けのストッキングやタイツって、マチがあっても品物自体がめちゃくちゃ大きかったりするんですよ。ゴールドジャパンのストッキングは8Lまであって、全身入るんじゃないかというくらい、めちゃくちゃ伸びます。そういうお店で、大きめのものを買ってみてはいかがでしょう。私が入ったのだから、絶対に入ると思います。あと、今回の撮影でスタイリストさんからオススメしていただいた福助の「momoske」シリーズも、はきやすくて良かったです。しっかり伸びるし、マチも気にならなかったので。

⑦一番悩むのは胸周りです。シャツを着ていると、どうしても ボタンの胸元が開くので可愛く着こなせない。

お悩みは、シャツを着ていると胸が大きいから胸元のボタンが開いてしまう、もしくはボタンが閉まってもその合間が開いてしまう、ということですよね。これは、開くんですわ。私もGUの3XLのシャツがすごく好きでよく着るんですけど、前閉めしちゃうと苦しくて息ができない。ボタンをとめずにオープンで着て、中に可愛いインナーを仕込んでいます。シアー素材でラメ感のあるインナーを仕込むと、コーデに深みが出ます。

どうしても閉めたい場合は、ワンサイズ大きくするしかないかな。今は大きいシャツもあるから。ただ、タイトに着たいという思いがあるのもわかるんですよ。ニッセンが大きい胸の方向けのシャツや洋服を出しているので、そちらもチェックしてみてください！　インナーをシャツと同じ色にして、合間が開いても目立たせないようにしておくといいと思います。

⑧お腹も気になりますが、背中のお肉が目立たない服がほしいです。

背中のお肉が目立ちそうな服は、カーディガンとか羽織りものを上に1枚着るようにしています。ピチッとした服は、どうしてもボディーラインが出てしまう。気になるならオーバーサイズの服を上にかぶせたり、レイヤードの着こなしにするといいかも。薄いシースルーのシャツを合わせてみると、目立たなくなりそうです。

⑨股ずれしないように、防止ショーツ必須です。でも、自分に合ったサイズを探すのが難しいです。

股ずれ防止ショーツは、ペチコートパンツをはいています。このアイテムを売っているブランド、今は結構多いんですよね。私はCLETTEのペチコートパンツを愛用しています。CLETTEのものは薄手でさらっと着られるのがありがたい。しっかりしたものをはくと蒸れたり暑かったり、トイレが面倒だったりするので。

自分に合ったサイズをネットで探すのは、まず自分のサイズを測ることから始めましょう。結局、何となくのサイズ感で選んでいる人が多いと思うんですよね。私もずっとその状態で、実際のサイズを知らなかった。測ってみたら、突きつけられた数字に「うわっ!」とびっくりしました。でも、おかげでサイズミスはだいぶ減ったんです。それこそ股上とかもきちんと測り、サイズ表と照らし合わせて買うのが一番いいかなと。とにかく測ってみよう! 自分のサイズの数字を怖がらない!

⑩汗っかきで、夏はポリエステルやナイロンの黒か白しか着られません。ただでさえ暑くてテンション上がらないのに、カラフルなものを着られなくてげんなり。

私はあまり汗じみが気にならないんですが、それは脇の下がピタッとなるようなデザインを選んでいないからかも。Tシャツにしても、汗じみが出るような生地は選ばず、厚手のものが多い。それでも気になるときは、何かを重ねる。ジレやベストを取り入れて、脇の下が目立たないようにするとか。

夏場だったらシースルーのシャツでインナーにタンクトップを着たりして、汗じみがなるべくできない着こなしにしてみては。シースルーもタンクトップもカラフルなものが多いので、好きな色を着られると思います。シースルーは透明感があって爽やかに見えるので、夏にはもってこいですよ。

11 着回しがいつも同じ感じになるので、一つのアイテムで全然違う雰囲気になれるようになりたい。

すっごくわかる！　私もだいたい、同じようになっちゃう。やっぱり好みがあるから、似たような系統や素材のアイテムを買っちゃうんですよね。アレンジを効かせるには、重ね着アイテムや小物で変えるのが一番いいかなと思ってます。去年買って大正解だったのはビスチェと、デニムのベスト。この1着で、雰囲気がかなり変わります。他にもキャップをかぶってみたり、バッグを違う素材のものにしてみたり……。

普段買わないテイストの小物がいいと思います。服に可愛い系が多かったら強めのサングラスを、かけなくてもいいので、アイテムとして胸元に挿してみたり。アクセサリーも可愛い系にしちゃうとトーンが同じになるから、イヤーカフみたいにカッコいいものをつけてみるとか。そういうところで変化をつけてみると、いいんじゃないかな。

⑫ネット通販で、ぽっちゃりさんの履ける靴下がめちゃめちゃ少ない。いろんな柄や長さの靴下があってほしいです。

そう、意外とないんだよね！　普通の靴下屋さんのものでも履けないわけじゃないけど、ちょっと長さがあるとふくらはぎにキツさを感じたり、「鬱血しちゃうのでは」という不安があります。もし自分のブランドを立ち上げられたら、靴下は絶対作りたいですね。

私自身は、海外の通販サイトで靴下をゲットしてます。きっと質問者さんは、デザイン性のあるものがほしいのかな。シンプルなタイプは、それこそユニクロやGUでも大きいものはあるから。デザイン性の高いものは確かにないので、そういうものを探すならやっぱり海外通販サイトが一番。可愛いし、サイズも豊富だと思います。

⑬股ずれがひどく、防止のためにペチコートパンツをはいているけど、夏は暑い。

股ずれ防止のためにスパッツみたいなものをはいているが、蒸れやすい。

蒸れはもう、しょうがないです。私はサラサラになる汗拭きパウダーシートでトイレへ行くたびに拭いて、快適に過ごすようにしています。あとTシャツにかける用の冷感スプレーをペチコートパンツにシュシュってかけると、ひんやりして過ごしやすいですよ。ぽっちゃりさんは、なかなか蒸れからは逃げられません。だからベビーパウダーやボディーパウダーをつけてあげたりして、とにかく乾燥させる。パウダーシートは1回拭くだけでかなりさっぱりしますし、デリケートゾーン用のシートを持ち歩いておくと快適に過ごせると思います。

⑭ストレートラインのスカートがほしいけど、シルエットを拾いすぎるしキツいので、なかなかいいものに出会えません。ついフレアを買ってしまいます。

LAVEANGEのラインナップって、ストレートタイプのタイトスカートがとても多いんですよ。しかもデザインが豊富なので、試してみてほしいですね。私はだいたい、ここで買っています。

季節ごとのオススメ素材は、夏はデニムかな。デニムは冬もいいですけどね。冬はニットのストレートスカートが可愛いと思います。

お悩みを聞いて

　みんな、失敗体験が多いんですよね。私はこういう仕事をやっているので、動画の企画のために服をいっぱい買ったりしますし、失敗してもポジティブになれます。でもみんなが、ずっと「ほしい」と思っているアイテムがあって、お給料が入ってやっと手に入れて、思っていたものと違ったら。裏切られた気持ちになってしまうのかもしれません。でもどの企業も、ぽっちゃりさんのために全力で頑張っているのは見て取れます。私はよくそういう企業とコラボするので、一緒に仕事をしていて感じます。ただ、全てのお悩みに応えるのはやっぱり難しいし、全員が幸せになる服ってなかなか見つからない。だけど、あなたに合う服は探せば絶対にあるんですよ。「自分で買って試すのはちょっとな……」と思う方は、私に「これ試してください」と言ってください。チャレンジします！　私以外にもいろんなインフルエンサーさんがそういう企画をやっているので、1個のサイトで見てダメでも諦めないでほしい！　探せばきっと、好みに合うものを見つけられるはず。失敗もおしゃれの一つだと思うので、諦めずに好きなおしゃれを目指してもらいたいです。

第6章

前向きな気持ちが「可愛い」を作る

♥今の彼氏との出会いは……

彼と出会ったのは、マッチングアプリ経由でした。初めて会ったときの彼は、歩き方もガッチガチで変だし、やたらと汗をかいていて、オドオドしているように見えました。事前に電話で話していたので、緊張しいだってことは知っていたんです。初めて電話したときは、部屋の中をずっと練り歩きながら話していたようで、何回も家具に足の小指をぶつけて「イテッ！　あ、ごめんなさい」と言っていました。それくらいあがり性だとは知っていましたが、実際に会うとかなり挙動不審だったので、「ちょっと怖いよ！」と話した記憶があります。

初対面のときから彼は、私が芸人の餅田コシヒカリだと気づいていたようです。マッチングアプリで会った人にはだいたい初回で言われるんですよね、「やっぱり餅田さんでしたね」って。でも彼は、言いませんでした。確か、付き合うまで言わなかったんじゃないかな。内心、「思ったより小柄だな」と感じたみたい。私、毎回マッチングアプリで会う前は、太っていることを強調するんですよ。そしたらたいてい会ったときに、「そこまでじゃなかったな」って思ってもらえるから。あと、「テレビで見るより可愛いと思った」と彼に言われたことも覚えています。

自分の彼をホメるのはちょっと恥ずかしいですが、初めて会ったときから「イケメンだな、カッコいいな」と思っていました。そのわりに慣れていないんですよ、いろんなことに。そんな中でもデートプランやお店を考えてきてくれたり、私を楽しませようといろんな提案をしてくれて。そこがギャップに感じて、可愛く見えました。

正式に付き合うことになったのは、6回目のデートのとき。実は彼、3回目のデートで告白するつもりで、名前入りのおそろいのハンカチを私に渡そうとしてくれていたのだとか。でもその日はお酒を飲んでお互い酔っ払っちゃって、そういう雰囲気にならないままバイバイしたんです。その後も2回デートしたけど緊張で渡せなかったそうで、やっと渡してくれたのは6回目の月島でのデート。もんじゃ焼きを食べたあと、河川敷沿いのベンチで告白してくれました。そこでハンカチが入った箱をやっと渡してくれたんですけど、毎デートごとに持ってきていたから箱がボコボコになっていて。それで「もう、可愛いな！」とOKしました。今もサプライズは全部バレるし、本当に不器用で嘘がつけない人です。

♥彼と付き合ってから「イキイキしてる」と言われる

こういう仕事をやっていると、自分が〝芸人・餅田コシヒカリ〟になりすぎちゃうときがあるんですよ。元気に明るく、「わーい、お笑い楽しい！」みたいな人に。でも彼と付き合っていると、〝彼といる自分〟が1個できるんですよね。それで、スイッチをオフに切り替えられるようになりました。今は一緒に暮らしているんですけど、同棲しているとなお、ありがたみを感じます。私はめちゃくちゃ寂しがり屋だし、仕事でイヤなことがあったりしんどかったとき、家に帰ればそれを打ち明けられる人がいるのは本当に大きい。精神的な支えですね。

彼と一緒に住むようになってから、周りに「イキイキしてる」と言われるようになりました。あと「元気になったね」とか。多分、その前がダイエットしていた時期だったから、端から見てつらそうだったというのもあると思いますが。久々に会った先輩にも「なんか最近、雰囲気がいいね」と言われて、うれしかったです。

野球観戦が趣味の一つになりました

彼とのステキな思い出はいっぱいありますけど……、挙げるとしたら野球観戦かな。彼は野球が大好きで、生粋の千葉ロッテマリーンズファンなんです。私はそれまで野球に全く興味なかったんですが、彼の影響で観戦に行くようになりました。去年は千葉・ZOZOマリンスタジアムへ相当行きましたよ。ロッテは応援が楽しいから、野球にそこまで詳しくなくても楽しめるんです。おかげで応援歌、めっちゃ覚えました。私は和田康士朗選手、彼は藤岡裕大選手が推し選手。

ルールもだいぶ覚えたけど、まだたまに謎なときもあります。「なんでそうなるの?」と思うこともあるし、「パ・リーグとセ・リーグをなんで分けるの?」と毎回聞いています。こうして趣味が増えたのは良かったたし、試合で点が入ったりして彼と一緒に喜ぶ時間もすごく好きです。

♥ケンカしたときは話し合って解決

ケンカ、めっちゃしまます。私は末っ子だし、彼も性格的に子供なので、お互いに引き際を知らない。始まったら、なかなか止まらない。

同棲して最初のころのできごと。彼が床に毛が1本落ちているのも許せないくらいの掃除好きなことは知っていたけど、あまりにも自分とのギャップがありすぎて。彼もあまりの私のズボラさにフラストレーションが溜まっちゃって、「はあ……」ってため息つきながら散らかったものを片付ける、みたいな。それで私が思わず、「自分のキレイ好きをそんなに押し付けないでよ!」とキレちゃって。「私だって、やるときはやるし!」……と言いつつやってはいないんですけど。そのケンカはちょっと長引きましたが、最終的に話し合って「お互い押し付け合うのは確かに違うよね」という結論になりました。彼が「俺は確かにキレイ好きだし、片付けたくなっちゃう。そういう人間だから俺は片付けるけど、ひかり(本名)には強制しないようにするね」と言ってくれたんです。強制しないでいこうと線引きしてからは、いい関係を築けています。

ケンカしたときは、ちゃんと話し合って解決します。朝方までとことん話し合って、一睡もせずに仕事へ行くこともあるくらい。ただ、ケンカになったときにする約束ごとが、私たちの間にはあります。ケンカが終わったあとは、必ずハグすること。どうしても話し合いが難航するときは、途中で一度手をつなぐこと。そのときはムカついているけど、手をつないで話していると、ぬくもりで怒りがちょっと消えていくんですよね。ふわっとほどけていくような感覚に包まれるので、体温を感じるのは大切だなって思いました。

彼と一緒に飼い始めたインコ

今、我が家にはセキセイインコが2羽います。もともと私たちカップルは、動物が大好き。2人とも、散歩中にすれ違う犬をなめまわすように見ちゃうほどで、「動物を飼いたいな」という願望はずっとありました。

彼は実家で鳥を飼っていたそうなんですが、家電量販店のペットコーナーにも同じ緑色の鳥がいて。「似ている」と言うので見てみたら、ちゃんと世話をされていない感じが伝わってきました。鳥かごはお掃除されてないいし、鳥自体も汚くて。その日はちょうど車で来ていたのもあって、「これは助けてあげたい」とぴーちゃんを家に連れてきました。案の定人間嫌いで、手を近づけると「ピーッ！」と鳴いて反発するんです。家に来て1ヵ月経っても、ずっとうずくまっていて元気がない。それでも根気よくコミュニケーションを取り、3ヵ月くらいでだいぶなれてきて、だんだん仲良くなっていきました。ただ、私たちは仕事で家を空けることが多いので、寂しいかもしれないと調べてみたら、「多羽飼いもいい」という情報が出てきたので、ぴーちゃんにお友達を作ってあげようと決めました。

私たちの共通の趣味がサイクリングなんですけど、自転車で走っているときに見つけたペットショップに入ったら、まん丸の黄色いセキセイインコを見つけました。店員さんに聞いたら、めちゃくちゃごはんが好きでよく食べる子とのこと。ずっと「ケージから出して」とアピールしてくる上に、その子は手乗りインコで、手を互い違いにする〝階段〟をやるとちゃんと上ってくれました。もう虜になっちゃって、「お迎えします！」ということに。体型から、「マルちゃん」と命名。マルちゃんが来てから、ぴーちゃんは友達ができたからか、どんどん元気になっていきました。今は一緒に飛んだり、お互いに毛繕いし合ったり。特にぴーちゃんが毛繕いしてほしいみたいで、マルちゃんは一生懸命毛繕いしてあげてます。

鳥って意外と個性がある

鳥を飼うのは、人生で初めて。飼う前は「鳥って表情が見えなそうだな」と思っていたんですけど、実際はしっかりわかります。甘えているときも、ちょっと怒っているときも、好きなことも、わかりますよ。ブランコが楽しいようでガンガン乗っていたり、ぴーちゃんは潜るのが好きみたいで、束ねたカーテンの隙間に入り込んでぴょこっと顔を出す遊びをよくしています。声色もわかるようで、私たちがケンカしてると2羽が怖い顔をしていたり、遊ぼうとしてこなかったり。逆にこっちが機嫌いいと、あっちも機嫌よく接してくれる。意外と感情豊かです。

個性も全然違います。ぴーちゃんは人なれせずに育ってきたせいか、手をかざしてもすぐ来るわけじゃないんですが、だいぶ乗ってくれるようにはなりました。マルちゃんは人間が大好きで、顔を近づけると鼻をつついてきます。

ごはんの食べ方も、マルちゃんは最初に好きなものを食べる派。カナリアシードという、脂質が高くて美味しいシードがあるんですよ。ごはんをあげるとまずそれを探し、先に食べます。ぴーちゃんはめっちゃ丁寧に、シードが粉々になるまでよく噛んで食べます。

動物って人間を癒やしてくれる力があるな、としみじみ。仕草一つ取っても、見ていて癒やされます。最近発見したんですけど、ぴーちゃんは関節が柔らかくて、でんぐり返しみたいに1回転するんですよ。この間見たらぴーちゃんがひっくり返っていて、めちゃくちゃ笑っちゃった。時々スパイダーマンみたいな格好でぶら下がっているのも、めっちゃ可愛いし。いろんな仕草を見せてくれて、どれもこれも愛らしいです。

彼も2羽をめちゃくちゃ溺愛しています。私が帰宅してドアを開けたら、ケージに顔を張り付けていたり。彼が「ぴーちゃん」「マルちゃん」と呼んで2羽が来てくれると、隠しきれないうれしさが溢れ出て「むふふ」となってます。そういう姿を見ると、こちらもほっこりします。

♥彼とおしゃれの相関関係

彼のおしゃれに関しては、思ったことを結構言います。3回目のデートのときだったかな、彼が白パンツをはいてきたんですけど、ちょっとナンセンスだったんですね。白パンツに白キャップ、肌着みたいなTシャツには「GET FISH」と書かれていて。「〝GET FISH〟に白キャップと白パンツはちょっとないな」とイジったんです。彼はそれで初めて「これってダサいんだ」と感じたらしく、徐々に「これはどう思う？」と私に意見を聞いてくるようになりました。一時期、彼の誕生日プレゼントに洋服をあげていたので、それで私の好みをより把握したみたいですね。

めっちゃラブラブな老夫婦になりたい

彼とは年を重ねておじいちゃんとおばあちゃんになっても、めっちゃラブラブでいたいです。手をつないでいる老夫婦、憧れなんですよね。ロケでデンマークに行ったとき、空港で年配のご夫妻がおそろいのマフラーをつけて、手をつないでいる姿を見かけたんです。大きなキャリーバッグを一生懸命2人で引っ張っている姿を見て、すごくステキだなと思いました。そんなふうになっていけたらいいな。将来は家族として、ずっと仲良くいたいです。

落ち込んだとしても、前を向く！

私の本来の性格は落ち込みやすくて、すぐ自分の殻にこもっちゃうタイプ。自分の中でずっと考えごとをしたり、出口のない悩みと向き合って、どんどん落ち込んでしまうんです。悩みは仕事のこと、恋愛のこと、人生のこと……、いろいろ考えちゃいますね。特に30代に入ってからは、「自分が今、本当にやりたいことはなんだろう」とか、すごく考えます。

でも彼がいると、自分の居場所があることを実感できます。私はおしゃべりなので自分の話をワーッとしちゃうんですけど、ニコニコ聞いてくれる。余計なことは言わない、でもいい相槌を打ってくれる。どんなに自分が道を外しても、いざとなればそこに帰ってくればいいから、つらいことも乗り越えられる。彼との生活や今後の人生のために、逃げたいなと思うことでも「今これをやれば、幸せに暮らせる未来があるんだ」と行動に移すモチベーションになりました。

そして彼も、いろんな意味で変わったと思います。私は付き合ったら、相手の懐にズケズケ入っていっちゃうタイプ。ゴンゴン中に入っていき、いろんな話を聞いちゃう。彼は今まで付き合った人のなかに、自分のイヤなところやマイナスな面をさらけ出せる相手はいなかったらしく、「そういう人はひかりだけだから、すごく頼もしい」と言われました。実際、話してくれるようになるまでだいぶ時間がかかりましたが、今はなんでも話してくれるように。お互いに「こういう自分もありなんだ」と、自分を肯定できるようになりました。メンタルを保つことと、おしゃれは大きく関係していると思います。

♥SNSで言い返しても、相手も私も何も変わらない

大きな悩みの種は、ネットでの声やSNS関係の言葉。「一生つきまとうんだろうな」と思っています。昔は毎日エゴサして「イヤなコメントするな」と感じる人のアカウントをチェックし

たりしていました。でもその人の他のポストを見たら、他の芸能人にも不平不満を言ってて、「そういう人は、きっと日常でイヤなことがあるんだろうな」と思ったら、ある意味共感してあまり気にならなくなりました。SNSって正直、なんでも書ける世界だし。ひどいことを言ってきた人に対して私が言い返しても、相手の人生は別に変わらない。私の人生も変わらない。結局みんな自分が大切じゃないですか。

それに、逆になくなったら寂しい気もするんです。表に出る仕事をしている分、反感を買うことは当然あるわけで。忘れ去られるくらいなら、どんな意見でも言ってもらえるほうがまだいい。ネットニュースもイヤだった時期があったんですよ、監視されてるみたいで。一時期、とにかくなんでもネットニュースにされていたことがありました。インスタグラムで「新しく買った指輪が入りませんでした」というストーリーを上げたら、それがすぐネットニュースにされて。「怖すぎる！」って思いました。でも最近は逆にそれが一切ないほうが寂しいような気もして、ニュースになってもあまり意識しなくなりました。

YouTubeのコメント欄は、全部目を通してます。もちろん「うっ」となるときはありますし、言い返したくなることもいっぱいあります。また、「意図しない形で伝わっちゃったな」と反省することも。自分の伝えたいことをみんなに同じように理解してもらうことってすごく難しいから、コメントは気にしすぎないようにしています。そこはちょっと大人になりましたね、私も。

♥「どうでもいいや」と思えるまで悩み続ける

お仕事がうまくできなくて落ち込んだときは、全部放り出して、家の中で好きなことしかしません。射撃系のゲームを起動して、「このやろー！」と思いながら撃ちまくったり。Ｕｂｅｒ Ｅａｔｓで「1万円まで」とリミットを決めて何店舗か頼んで、好きなだけ食べていた時期もありました。

ただ、どん底まで下がった場合は、修復するのに3ヵ月くらいかかるんですよね。そういうストレス発散で半分くらいは解決するけど、ふとしたときに「あームカつく」みたいなフラッシュバックが起きます。結局悩みは振り切れないので、とことん悩んじゃう。「どうでもいい」と思えるようになるまで、悩み続けます。どこかのタイミングで「あ、大丈夫かも」「別に良くね？」となる瞬間が急にポッと来るから。本当に不思議なんですけど、割り切れるときが突然来るんですよね。

♥ちょっとした悩みは彼に甘える！

日々のちょっとした悩みも、ちまちまあります。ＳＮＳで投稿したものに対して「この言い方は違ったかな」とか、「動画はこういう結末にしたほうが良かったかな」みたいな悩みは、みんなの反応を見てるとしょっちゅう起こること。このメンタル回復法は、彼に甘える！　彼に「今から30分くらいバーッとしゃべるから、聞いていてね」と前置きして、ワーッと愚痴を言いまくります。声が嗄《か》れるまでしゃべって、「ごめんね。あー、スッキリした」と言うと、彼が「良かった」と言ってくれるので。彼氏に「聞いていてね」と前置きするのは、アドバイスとか欲していないから。吐き出せれば、それでいいんです。どれだけ世界が私の敵になったとしても、彼は「俺だけは味方だよ」と言ってくれます。帰ってこられる場所があるのは大きいですね。

SNSでも、直接でも、ホメ言葉はうれしい

SNSでいただくホメ言葉は、めっちゃうれしいです。私は本当に単純な人間なので、ホメられると元気が出るし、「いいね」と言われたり反応があると超ハッピーになります。うれしいコメントやDMは何回も読んで、脳に刻み込んでいるくらい。超テンションが上がりますね。

そして、直接言っていただける言葉も本当にうれしい。営業へ行ったときに「あ、餅田さんだ！　写真撮りたいです」と言ってもらえると、幸せな気持ちになります。気分が浄化されるというか。

SNS上でも、地方でも、時折出会える「餅田さんが好きだよ」と言ってくれるファンの存在は、

心強いなと感じます。

♥こういう自分もありなんだ、と気づけた

昔は自分のこと、嫌いだったかな。でも嫌いだと、気づけていなかった気がする。芸人という職業は自分の恥ずかしいところやイヤなところ、マイナスなところを表に出して笑いにする面があります。それを面白いと思ってもらう世界だったりするわけで。そういう世界に飛び込んで、「私って、こんなにできない人間だったんだな」と気づいたんですよ。学生時代は生徒会の副会長や学級委員長をやっていて、周りの人から「しっかりしてるよね」と言われて生きてきました。でもいざ芸人になったら、「部屋が汚い」「食生活が乱れてる」など、マイナスな部分を世間様に見せるようになったんです。最初はすごくイヤでした。本音をこぼすと、今でもちょっとイヤだったりします。でもそれが〝オモシロ〟につながっていることを相方の小野島さんが教えてくれて、こういう自分もありっちゃありなんだ、「人間らしくて面白い」と思ってもらえるんだなと捉えられるようになりました。

そう思えるようになったのは、最近かもしれません。優柔不断だったり、嘘をついたりする自分も別にいいんじゃないかなと。それまでは、根本的なスタンスが「自分を愛そう」じゃなくて、「周

りから愛されたい」だったんです。意識を周りにばかり向けて取り繕ってました。大人になって、愛する人もできたことで、自分にも愛を向けられるようになったのかな。今は「自分のために生きてあげたいな」と思っています。

♥自分の愛せるポイントを見つけてほしい

私自身もそうでしたが、ぽっちゃりさんって、自分を好きになれない人が多いなと感じます。みんなのコメントを見ていて思うのは、今はあまりにも周りの目を気にしすぎる時代になってきている。仕方のないことではあるんですよ、これだけSNSが進化した承認欲求の時代。周りからの「いいね」がほしい人、多いですから。私自身も承認欲求の塊ですし、それは別に悪くないことだと思うんです。ただあなた自身が、自分を否定はしないでほしいなって。

「可愛い」という言葉の使いみちは一つじゃなくて、いろんな「可愛い」がありますよね。視聴者さんから「私、餅田さんみたいに可愛くなくて」と言っていただいたりしますが、全然そんなことないです。みんな一生懸命おしゃれしているだけで可愛いし、自分のおしゃれのために私のYouTubeを見て「こういう服を買おうかな」と考える、その姿だけでもう可愛いんです！

そこを「自分は可愛くないから」と決めつけなくていい。そして、もし本気で可愛くなりたいのなら、できることはあるんですよ。メイクやヘアスタイルを変えたらイメージチェンジできるし、似合う服を探すのも可愛くなるための一環です。

まずは、自分の愛せるポイントを見つけてみてください。お洋服を見て「どうせ私にはどれも似合わないから」なんて、言わないでほしい。どんな年齢でも、自分に合うものを見つけられたら絶対に可愛くなります。

本当にぽっちゃりがイヤだったら、ダイエットはつらいし大変だけど、それ以上に「やせたい」という思いが強いなら、努力してやせられるんです。でも、今の自分で満足……とまでは言えないかもしれないけど、「この体型でもいい」と思えているなら、それはそれでいいと思うんですよ。そのままなのは人によっていろんな理由があるだろうし。努力したくない自分を愛することができれば、そのままでいい。自分をどうしても愛せないんだったら、やせてみたりして好きな自分に変えてみることが、自分に対しての愛情だと思います。

どちらを選ぶにしても、好きな自分になれる方法はあります。それを選択した自分は、ちゃんと自分のことを可愛がっているんです。私もダイエットしてやせていたころより、今のほうが可愛いと言っていただくこと、多いです。体型で「可愛い」を諦める必要はないし、この本で「より可愛くなれた気がする。自分を好きになったよ」と感じてもらえたらうれしいですね。

COVER CREDIT

●キャップ
本人私物

●跳べるパンプス
ミドルヒール
ORiental TRaffic
(ダブルエー)

●バレエパンプス
la farfa SHOES

●チュールトートバッグ
osharewalker

●ショート丈
ジャケット
PUNYUS

●ラメチュール
スウェットトップス
n'OrLABEL (osharewalker)

●カラー G ジャン
本人私物

●チュール
ドッキングスカート
A HAPPY MARILYN

最後まで読んでくれて
ありがとうございます!! ♡
今日もあなたらしさ全開で
行ってらっしゃい 餅田

●キャップ
本人私物

●アンクル
ストラップパンプス
la farfa SHOES

●厚底スニーカー
本人私物

●ダブルテーラード
ジャケット
ニッセン

●餅田コシヒカリ
着用分
P.009 と同様

●ショート丈ジャケット
PUNYUS

●バレエパンプス
la farfa SHOES

●サイドリボン
フレアデニムパンツ
Re-J&SUPURE

●魔法の美脚レギパン
A HAPPY MARILYN

●ヒールロングブーツ
la farfa SHOES

● 2WAY
バックルメリージェーン
la farfa SHOES

●前ボタンベスト、ストライプノーカラーシャツ
ともに A HAPPY MARILYN

STAFF

インタビュー
篠崎美緒

デザイン
関戸 愛
（ATOM STUDIO）

写真
角田明子

スタイリング
木下枝美

ヘアメイク
川島享子

校閲
株式会社アドリブ

協力
松竹芸能株式会社

企画・編集
檜垣ゆき代
（アーティストアライアンス部）

営業
岡部修美
（出版マーケティング局）

制作・進行
坂本美香・保坂夏海
（生産管理局）

＼やせなくたって可愛くなれる！／

ぽっちゃり女子のオシャレ教科書

2025年3月26日　初版発行

著者　餅田コシヒカリ

発行者　山下直久

発行　株式会社KADOKAWA
〒102-8177
東京都千代田区富士見2-13-3
0570-002-301（ナビダイヤル）

印刷・製本　大日本印刷株式会社

●お問い合わせ
https://www.kadokawa.co.jp/（「お問い合わせ」へお進みください）
※内容によっては、お答えできない場合があります。
※サポートは日本国内のみとさせていただきます。
※ Japanese text only

Printed in Japan

ISBN978-4-04-738303-6　C0077